A Library of Academics by PHD Supervisor
博士生导师学术文库

# 上古希腊、罗马与先秦法治观之批判借鉴

张培田 著

中国书籍出版社
China Book Press

图书在版编目（CIP）数据

上古希腊、罗马与先秦法治观之批判借鉴/张培田
著 . —北京：中国书籍出版社，2019.12
ISBN 978-7-5068-7523-3

Ⅰ.①上… Ⅱ.①张… Ⅲ.①法治—研究 Ⅳ.
①D033

中国版本图书馆 CIP 数据核字（2019）第 249469 号

## 上古希腊、罗马与先秦法治观之批判借鉴

张培田 著

| | |
|---|---|
| 责任编辑 | 李　新 |
| 责任印制 | 孙马飞　马　芝 |
| 封面设计 | 中联华文 |
| 出版发行 | 中国书籍出版社 |
| 地　　址 | 北京市丰台区三路居路 97 号（邮编：100073） |
| 电　　话 | （010）52257143（总编室）　（010）52257140（发行部） |
| 电子邮箱 | eo@chinabp.com.cn |
| 经　　销 | 全国新华书店 |
| 印　　刷 | 三河市华东印刷有限公司 |
| 开　　本 | 710 毫米×1000 毫米　1/16 |
| 字　　数 | 150 千字 |
| 印　　张 | 13 |
| 版　　次 | 2019 年 12 月第 1 版　2019 年 12 月第 1 次印刷 |
| 书　　号 | ISBN 978-7-5068-7523-3 |
| 定　　价 | 78.00 元 |

版权所有　翻印必究

# 目 录
CONTENTS

引言　从法律规范科学认知法治 ················· 1
　一、人类社会行为规范的早期文明选择　1
　二、法律规范是对原始野蛮规范的否定　2
　三、法律规范的特点　4
　四、法律规范的意志取向　11
　五、法律规范的遵守　16
　六、法治的科学认知　18

第一章　古希腊法治观 ························· 21
　第一节　古希腊三杰以前的法治观　22
　　一、正义观的源起和流变　22
　　二、善、公正观念演进　24
　　三、法律与正义是我们的王，植根于自然本性　26
　　四、法治状态是社会存续的保障　27
　第二节　古希腊三杰时期的法制思辨及其法治观　30
　　一、民主自由为法治实施之基础　30
　　二、法治在德性基础上建构，反过来促成并维系社会公德　32

三、善和正义（公正）是人类社会治国理政的目标  34

四、社会正义（公正）的捍卫必须依靠法律抵御恃强凌弱  39

五、社会管控治理之自然理性理论及人法关系思辨  41

六、法治本质思辨  45

第三节　古希腊法治观评析  60

## 第二章　古罗马法治观 …………………………………… 66

第一节　法律是客观自然理性认知的必然结果  67

一、法、法律的自然契约思辨  67

二、违反自然理性的非正义法、法律不具有永恒性  68

三、对法、法律正当性的鉴别不能以功利（主义）做标准  71

第二节　法就是最高的理性，正当的理性就是法  72

一、理性是人类智慧的结晶，使人类超越禽兽，法体现最高的理性  73

二、法律是聪明人的智慧和理性，正当的理性就是法  74

三、真正的法是与自然契合的正确理性  76

第三节　国家政治及其治国理政正当性辨析  79

一、人类社会聚合交流组成国家的原理思辨  79

二、治国理政缘于委托  80

三、治国理政基于法伸张和捍卫社会正义  81

第四节　法治的理论思辨  83

一、法治本原思辨  83

二、平等与法治思辨  86

三、法治运行的原则思辨  87

四、法治运行的艺术　88
　第五节　古罗马法治观评析　90

## 第三章　中国先秦法治观 ……………………………… 95
　第一节　箕子"王道学说"的法治观　96
　　一、箕子王道理论原文及释读　96
　　二、箕子王道思想的深刻内涵　97
　　三、对箕子王道思想的把握与评价　99
　第二节　墨子法治理论　102
　　一、敬"天"畏"鬼神"的自然法意识　102
　　二、遵循客观自然的"法天"思想　108
　　三、"义政"与"力政"之辨的"天志"维护社会正义论　113
　　四、一同天下之义的法制尚同本原论　116
　　五、兼爱非攻的社会法治调控思考　127
　　六、义利合一基础上尚同的法制社会调控思辨　137
　　七、"法不仁，不可以为法"的法治观　141
　　八、治国理政尚贤的法治理论　143
　　九、节用节葬的法制俭政思想　149
　　十、墨子法治思想之评价　155

## 第四章　古代中西法治观的启迪与借鉴 ……………… 160
　第一节　古代中西法治观哲学智慧的借鉴与启迪　161
　　一、中西围绕社会正义实现展开的法治观可资启迪与借鉴　161
　　二、对法治的基本含义有所共识　162

三、实行法治防止欺骗的实质思辨值得借鉴　164

四、比例平等的法治观具有合理成分　165

五、王道思想立足公平正义的法治思辨闪烁着智慧之光　165

六、义利合一、兼爱交利和非攻的法治思想有利于构建人类命运共同体　168

七、尊重客观的法治思辨可避免法治认知主观化　169

八、自然理性的良法为推行法治的必备前提　170

九、一同天下之义的义政有助于反对暴政　171

十、治国理政的审慎和深谋远虑思想彰显智慧规律　172

十一、合理怀疑能够使人在法治思辨与践行中保持清醒　173

十二、只有科学理解法律才能构建法治理论并推行法治　175

第二节　上古中西法治观反科学思维及糟粕之批判与警示　176

一、悖离历史唯物主义和辩证唯物主义的法治观必须批判　176

二、切忌陷入膜拜西方法治的怪圈　177

三、冲破华夷之辨的民族本位主义虚骄自尊认知法治的局限　178

四、防止资本梦魇绑架或桎梏人类法治的理性追求　178

五、警惕并防范民主的滥用对新时代法治观念的绑架　179

六、突破伦理主导人类法治认知与实践探索的智识藩篱　180

第三节　科学构建当下及今后中国法治社会的思辨　181

一、格物致知，知行合一　181

二、高屋建瓴，经世致用　187

三、忌玄通易，利行践远　193

参考文献 ························· 197

后记 ····························· 198

# 引言

# 从法律规范科学认知法治

## 一、人类社会行为规范的早期文明选择

生物学、仿生学等科学研究充分证明，不管生物是否愿意是否承认，群居生活的秩序好坏，决定着生物存续发展的壮大或衰亡。从一般规律看，运行秩序优劣及其不同后果的客观存在揭示，有序比无序好。秩序好，种群运行能够促进所有成员生存发展；秩序不好，种群运行反其道而行之，毁灭颓势凸显。

而秩序的促成和维系，则是通过行为规范实现的。为提高并保证整个社群、族群、种群的生存能力，人类社会历经许许多多实证的反思，总结经验和吸取教训，不断地形成、升华能够维系自己社群、族群和种群良善精华的行为规范。人类社会早期文明演进史实揭示：

膜拜诸神以求规范人类行为的是古巴比伦、古埃及人；
崇尚宗教寻求规范人类行为的是古犹太人和古印度人；

追索哲学探求规范人类行为的是古希腊人；

信仰法律拘束规范人类行为的是古罗马人；

笃信宗法伦理以规范人类行为的则是先秦中国人。

然而，古巴比伦人和古埃及人，古犹太人和古印度人，包括古希腊人和先秦中国人，无一例外地将宗教、哲学、宗法伦理通统落实于法律规范。正是通过从原始洪荒的丛林规则向遏制蛮力暴力的法律规范的飞跃质变，人类实现了由野蛮向文明的大规模长足进步。相应地，人类社会也愈来愈从不自觉到自觉地认识到法律的社会历史作用和运用法律的现实功用。

从人类社会文明历史到现实时空生存生活的每一个人，都无一例外地受到法律的德泽。因此，科学认知法律规范，正确理解其存续的一般道理，是我们正确认知法治的基础和前提。

## 二、法律规范是对原始野蛮规范的否定

人类科学研究成果揭示，从猿到人，共经过拉玛古猿、南猿、猿人、古人、新人等几个发展阶段。每一个不同的发展阶段，都形成了不同的群居秩序和相应的行为规范。法律规范的出现，是人类社会从野蛮走向文明的质变标志。出土文物和考古发掘的科学成果揭示，最早的文明古国（古巴比伦、古埃及、古希腊、古印度、先秦中国），相继于公元前20世纪前后，有了法律的运行和维系。最早的是古巴比伦《汉谟拉比法典》，行为规范被镌刻在花岗岩石柱上，是迄今考古发现最早的、最为集中的法律规范。中华文化的传世文献记载，中华

文明法律规范的出现可推至尧舜禹前后。

法律规范具体从什么时间出现，尽管众说纷纭，但从法律规范与此前行为规范的区别，大致可以做出判断。

第一，法律规范适用于相对固定区域的所有社会成员，这与此前氏族行为规范适用于并不固定在特定区域的行为规范明显区别。此前的社会规范，大都由族群或人群聚落氏族长老或权威者制定或认可，只适用于本氏族成员，即使本氏族成员在不同区域生活。而对于同一特定区域生存的其他氏族，异氏族规范并不适用。法律规范的出现，打破了氏族规范的局限，完成了对特定区域所有成员行为予以规范的飞跃。没有特定区域的划定，没有对特定区域所有社会成员行为的统一规范，特定的区域无法维系和持续发展。因此，特定的相对固定区域的出现，构成法律规范存续的前提。这个特定区域，定义为国家。国家与法律的形成及存续发展，相辅相成。

第二，由于有了固定区域即国家的明确划定，法律规范经过国家统治者或执政集团的认可制定，适用于国家所有成员，具有国家意志性。凡是在国家相对固定区域内生活的社会成员，不管是哪一个氏族，都必须服从国家意志而不只是本氏族的意志。

第三，经过国家意志的升华，法律规范的适用，需要全体成员的遵守和贯彻执行。对于违反和阻碍法律规范实施的行为，统治者不是以氏族的名义和力量加以矫正，而是以国家强制力进行规范。法律规范由国家强制力保障实施，不仅具有比任何氏族规范都强大得多的强制力，更具有广泛的普遍适用于该特定区域全体社会成员的意义。法律规范由国家强制力保障实施，相对于此前氏族规范由氏族强制力保证实施，完成了人类进化了不起的质变和飞跃，使得人类社会由洪荒迈入文明有了相适应的高级行为规范,促进和维系并支撑着人类社会文明的不断演进。

第四,国家法律规范形成以后,曾经盛行于原始氏族社会的"以血还血、以牙还牙"的同态报复行为规范,在文明时代受到极大的遏制。以暴制暴的丛林规则被摒弃的结果,是人类生息繁衍的扩大和飞跃。非国家名义和非法律名义的暴力行为,都被视作"不正当""不合法"。到国家统治者执政名义的施暴,亦被社会普遍质疑是否合乎人道之际,法律对国家暴力的限制性规范不断严格和细化。法律规范出现至今,尽管艰难曲折,但其本身彰显的人道文明不断产生质变飞跃,大大拉开了其与原始以暴制暴的丛林规则的距离。

### 三、法律规范的特点

即使进入人类社会进化的文明阶段,即使出现了法律规范,对人们生产生活的行为,除了法律规范以外,还有道德、宗教、习俗习惯以及技艺等规范加以约束。法律规范与这些规范相比,究竟有哪些特点或不同?或者说为何在这些规范都存续的情况下,人类社会还是需要法律规范?这些问题,需要通过以下对比,加以厘清。

(一)法律规范不等于道德规范

道德是人们对事物的善恶、美丑、真假、正义非正义等进行评判的意识体系。由于这种意识体系依靠人们的内心信念、社会舆论和传统习惯,客观上起着规范人们的行为进而维系一定社会秩序的作用,所以人类社会对道德规范的关注与研究,也总是不以人的意志为转移地存续下来。

到今天，越来越多的人意识到，法律规范的制定和实施，离不开道德及其规范的支撑。因为法律规范的形成、固定和实施，本身就蕴含道德评判，是道德评判的结果。但是，专门学术研究、学理宣传乃至一般社会意识情绪，都没有科学理性思辨法律规范与道德规范的根本异同。以至于要么将两者等同或混淆，要么简单武断地把二者割裂。实践中，其弊端也就极其容易地对法律规范的实施，或阻碍，或干扰。

究竟法律规范和道德规范的区别在哪里？根本的不同在于，两者作用的主体范围不同。受生存环境和生存条件的限制，不同的阶级，不同的阶层，不同的宗教使徒，对善恶、美丑、真假、正义非正义等评判的意识都不相同。这种不同，导致其规范作用对象的客观局限。也就是说，除政教完全合一的国家外，不同的阶级、不同的阶层、不同的宗教使徒的道德规范，一般不能直接规范到该国家全体社会成员。例如，在以色列，犹太教的道德规范一般不能对该国范围内的阿拉伯人的行为直接形成拘束。同理，一国执政阶级的道德，一般也不能对该国范围内其他非执政阶级的行为直接进行约束。

从主观愿望上讲，没有一个统治者不想使自己的道德全都成为受国家强制力保障实施的法律。而如何才能使自己的全部道德上升为国家意志，作为法律规范实施，却不是以统治者的意志为转移的。历史上专制统治者，大都按照"强者的意志就是正义"和"朕即国家"进而"朕言即法"的逻辑梦想，试图将自己的道德强行变为法律，但结果均遭客观规律无情地淘汰。中国历史上家天下后，统治者将宗法血缘亲疏远近的客观存在，主观上视为社会等级调控的绝对"天理"道德，在继承上固定嫡长子礼制并大力推行，但在民间却受到"百姓爱幺儿"的抵制。类似实例举不胜举，大家都可思辨，就不展开赘述了。

人类社会历史发展经验充分证明，即使执政者或执政集团站到时代道德的高度，其道德水平比之于被统治者和同盟者更加适应人类社会文明进步，要使其道德为全社会接受，也需要上升为国家意志即法律。因此，哪些道德规范能够作为法律规范存续下来？这是人类社会发展进化一直以来都在思辨并在实践中不断完善的问题。

迄今为止，能够被转化上升为法律规范并存续下来的道德规范，只是全社会成员都能够接受的部分。这就是社会公德。大凡不属于社会公德的道德规范，都不能转化上升为能够为人类社会继承的法律规范。

至于如何划分社会公德和非社会公德，理论起来复杂。但基于人类趋利避害的功利规律考量，人类社会有两个不失为理性思辨的道德原则总结，这就是"己所不欲，勿施于人"和"己所欲，施于人"。按此原则思辨展开，排除那些与此原则相悖的道德规范，吸纳那些与此原则相符合相适应的道德规范，当不是难事。

一旦在社会公德上达成共识，执政阶级自觉到有责任将其上升为国家意志并通过既定的立法程序和立法活动转化为法律，社会公德也就实现了上升为国家法律的质变和飞跃。由此，道德与法律达到高度的契合，显示出道德是法律基础的本质规定性。

但是，在人类社会实践中，对于道德作为法律基础的本质，经常陷入逻辑误区。其中最大的误解，一是将德与法完全割裂，不承认德为法之基础和支撑的客观联系；二是把德和法完全等同混淆，不承认两者实质上的区别；三是完全不对德和法在社会调控及国家治理的功用效果上进行客观、深入、辩证的分析与把握。例如，无视法律以道德为基础的客观性，在国家治理和社会调控实践中，以德代法，设想出德治高于法治乃至可以随意取代法治的治国方案。其弊端就在于，理论上混淆了道德、社会公德和法律的客观区别与逻辑联系，混淆了法治实质上就是捍卫社会公德的逻辑本质；实践中则为假借道德的名义践踏社会公德基础上的法治大开方便之门，贻害无穷。鉴此，全社会都需要在德和法、德治与法治关系的认知上，科学理性思辨，从本质上自觉把握法治其实就是落实并捍卫社会公德，法治就是社会公德之治，而不是只顾及整个人类（国际法）或每个国家民族中一部分阶级、阶层、教派等道德的道理。

（二）法律规范与宗教规范严格区别

宗教规范是基于宗教信仰展开的对信教群众加以约束的行为规范。与法律规范不同，宗教规范约束的主体范围只限于本宗教信仰者，对异教徒或不信教群众，没有约束力。只是在政教合一的国家，占支配地位的宗教一般都将本宗教规范转化或上升为法律规范，以国家强制力保障实施。目前世界上实行政教合一的，主要是信仰伊斯兰教的阿拉伯国家。但是，由于对伊斯兰最高法律渊源的古兰经和先知穆罕默德圣训的理解，教法学家四大哈里发的解释出现分歧，因此，至今为止，实行政教合一的阿拉伯国家对于宗教规范与国家法律的制定及实施，也不完全契合。至于非政教合一的国家，只有法律规范才能得到国家强制力保障实施，宗教规范是不能直接转化或上升为法律的。在政教分离的国家或地区，即使教徒违反宗教戒律要受到宗教规范的处罚，也会受到国家法律的限制。例如对违反戒律的教徒实施体罚，在政教合一的国家为法律承认而可行，在政教分离的国家则不被法律认可而不可行。

（三）法律规范与世俗习俗、习惯有联系但不等同

习俗习惯是特定社会文化区域内，人们世代共同遵守传统风尚、礼节、习性的行为准则及其具体规范，包括民族、家族或社会阶层圈子历史形成的风俗、习俗、传统礼仪等。习俗习惯规范对民族、家族、家庭等成员的行为形成制约。在特定的历史条件下，很多习俗习惯规范，只要不对统治者的社会控制构成危害，往往会被国家法律承认或吸纳，成为国家法律规范的组成部分。但是，对于阻碍统治者社会控制的习俗习惯规范，历朝历代的法律规范不仅不承认，甚至会强力地加以禁止或限制。从文明进化的演进看，中国古代婚姻缔结的"父母之命媒妁之言"的习惯习俗，在近代文明前，就直接吸纳转化为国家法律。但近代中国特别是1949年以后，对于这一习俗习惯规范，国家法律不仅不予认可，甚至还要严惩以此破坏恋爱、婚姻自由和男女平等，造成恶果的行为。

（四）法律规范与技术规范

技术规范是人们在生产物品过程中形成的行为规范，主要包括行为操作规范和质量标准。前者表现在使用设备工序、执行工艺过程中，后者则体现为产品、劳动、服务质量要求等方面的准则和标准。

一般来说，技术规范并不是法律规范。但为确保向社会提供的产品不会造成危害，防止生产安全事故等，国家须担当起监督责任，对生产物品的技术规范实施监督。技术规范在法律上被确认后，成为技

术法规，就被赋予了国家意志，并被国家强制力保障实施。

(五) 法律规范与行业规范

人类历史上，行业及其规范的形成很早，如贸易商行、手工业行会等规范。最初行业规范在规范对象上限于特定行业成员，其规范的范围不会扩大到全社会。因此，行业规范本身并不是法律规范。以后随着人类科技进步，生产交易的分工不断细化，行业亦不断地分化。为防止行业成员的行为对整个行业形象声誉产生损害，确保整个行业发展的长远利益，行业的成员会共同制定一个行业内的行为规范和标准，用来规范和指导这个行业的行为。

通常情况下，目的正确的行业规范，往往比法律规范超前且严格。人类社会发展史上行业规范推动法律规范进步的情况比比皆是。如WTO国际商贸法律规范的形成、发展，就是商贸行业规范由国内到国际、从行规到法律转化升级的典型实例。

由于行业的存续发展事关国计民生的方方面面，与整个社会的存续发展密不可分，因而国家亦越来越强化对行业及其规范的监督。对于严格自律以利社会的行业规范，国家一般都予以承认而直接转化为法律规范。对于不利于国计民生和社会发展的行业规范，如保守的行业壁垒、过度的行业禁入、特种行业自私自利的保护等，国家则立法明令禁止或限制。因此，违反已经被认可为法律规范的行业规范，势必受到国家强制力保障的法律处罚。这比违反行业规范而受到行会处罚，无论是性质还是程度上，都明显重得多。一般情况下，违反行业规范的处罚最重的是行业禁入乃至市场禁入。而违反法律规范的处罚，除了市场禁入外，往往还有罚金甚至刑罚等措施。

自人类进入近代社会以来，发达文明国家或地区行业发展立足于行业自律。其行业规范往往较一般法律规范严格，一旦违反行业规范，司法中又总是支持既定行业规范。因此，行业规范的法律效力每每彰显，不仅促进了行业规范的进步，更切实地造福于民。

（六）法律规范与社团规范

社团的社会功能是为社会提供系统专业的社会服务而非商贸服务。其运行一般不以盈利为目的。这是社团与商贸行会的最根本区别。

社团规范与行业规范一样，都不能对社会全体成员的行为进行约束。只不过与行业规范相比，社团规范的目的既不是规范制造业行为，更不是约束商贸行业行为，而是社会服务行为。

社团按社会服务性质的不同，可分为政治社团和非政治社团。政治社团最典型的组织就是政党。一般来说，所有的政党为使自己的政治服务发挥最大的社会作用，都希望执政并长期执政。因此，所有的政党，为实现自己的政治抱负，争取社会民众的认可及支持，都会严格要求其成员恪守国法，并制定比法律要求更高、更严格的行为规范。

至于非政治性社团规范，尽管行为要求和行为标准没有政治性社团那么高，没有那么严格，但为获得社会认可和支持，其行为规范一般也高过法律规范。

社团规范只对社团内部成员起作用，不能规范到社会全体成员。这是两者的最根本区别之一。但法律规范却能够规范所有社团成员。尤其是政党，不管是否执政，都以自觉遵守和捍卫法律规范作为自己所有成员最起码的要求。对违反法律规范的成员，除应受国家法律惩处外，各政党还会按自己内部行为规范给予相应的处分。

总而言之，法律规范与其他行为规范最大的不同，在于适用对象和范围不同，在于各自体现的意志（受其利益局限的意志）不同，在于保障实施的强制力不同。法律规范一国所有成员的行为，其他规范则只规范相对的成员。道德规范、宗教规范、行业规范、社团规范乃至技术规范和习俗习惯，一般都不能直接约束全体社会成员。除法律规范外，任何行为规范都不能表现为国家意志，也就不能得到国家强制力保障实施。

**四、法律规范的意志取向**

法律规范通过约束人的行为来维系社会存续必须的社会秩序，与社会每一个成员的权益密切相关。因此，究竟制定什么样的法律，人的意志体现得非常直接。

*（一）法律规范是受客观条件限制的统治者意志的反映*

一定的社会制定什么内容的法律由执政者或统治者说了算，这是毋庸置疑的。但问题在于，在制定或确认法律时，统治者的主观意志能不能完全脱离客观条件的限制？或者说，执政者或统治者可不可以随心所欲地制定法律？对此，人类社会各阶层的认知出现对立分歧。崇尚专制或独裁的统治集团上下，如历史上的帝王将相及其谋士和贵族乡绅，总是陷入自己执政就可以随心所欲、为所欲为地制定法律的泥潭而不能自拔。而被统治的老百姓，尤其是被压迫得难以生存的基层民众，却对此抱有极大的怀疑。

人类社会历史发展的无数经验教训证明，统治阶级上下认为只要掌权就可以重立规矩，随心所欲地制定颁行法律，或任意改变法律，是非常弱智的错误观念；在实践中祸患无穷。

第一，存在决定意识，社会存在决定社会意识。任何统治者立法行法，都不可能脱离其生存发展的特定时空。超越时空的立法，任何统治者都做不到；延迟时空的立法，违背客观发展规律，招致客观规律的惩罚，睿智的统治者不干。

第二，受客观功利规律制约，统治者掌权的目的是要获取最大的政治经济利益。衡量这种最大政治经济利益的时空判断，是长治久安。作为统治者上下确保利益最大化最大追求的长治久安，在特定的时空区间，要求自己的统治确保政权垄断的自身政治经济权益的长期享用。为了最大限度地避免利益冲突的扩大化，最大限度地避免被统治阶级的反抗，统治阶级不得不对具体的社会政治经济利益进行分配及其矫正，予以法律确定和法律保障。这正是古今中外统治者制定颁行法律，以维持社会稳定为要务的根本原因。因此，在总结历史经验教训的基础上，出于长治久安的功利规律考量，统治者立法或修法及行法，都会尽量兼顾被统治阶级生存发展的底线，因时制宜且因地制宜。社会生产生活状况及民众生存状况等，也就成为统治者上下不得不审慎考量的因素。

从人类社会文明进步发展的历史看，守住让被统治阶级生存发展的底线，顺应时代发展潮流，思想观念和具体行动都能视统治阶级与被统治阶级为命运共同体，制定和实施能够使全体国民包括被统治阶级不断提高生活幸福水平的法律，对统治者长治久安的主观愿望的满足，越来越为人们所认知。

第三，法律的制定修改必须适应社会演进的客观要求。例如，进入民主制发展时代，颁行奴隶制法律执政，显然是行不通的。又如，当社会文明进步发展已经到必须使私有财产得到法律保护才能持续下去的阶段，仍然推行财产国王所有的法律制度，阻碍或延误社会生产力的提高，这与统治者梦想的长治久安背道而驰。

从根本上看，国家统治者按照客观功利规律追求长治久安，其制定颁行法律，结合实际有的放矢，因时因地制宜，是不二选择。法律体现的统治阶级的意志，是受客观条件限制的意志。完全脱离客观条件，随心所欲、为所欲为地制定、修改并颁行法律，违背客观规律。

（二）法律规范的存续是统治者与被统治者意志"契合"的结果

古今中外，对于强烈体现统治者意志的法律规范，被统治者都会有相应的意志反应。作为统治者阶级阶层基础的人们，会因为统治者对自己利益的照顾和保护，积极拥护法律，严格执行法律，自觉遵守法律，从而表现出与统治者意志的高度契合。另外的人群虽不属于统治者照顾和保护的范围，但因体现统治者意志的法律规范还不至于使自己无法生存，所以出于简单维持生计的考量，一般会消极地接受和遵守法律的规范，由此表现出与统治者意志的中度契合。此外，还有一部分人，对统治者的法律持坚决不赞成的态度，但经过坚决地反对包括暴力反抗的反复检验，因成本太高且得不偿失，转而无奈地忍受。其意志表现为对法律规范体现的统治者意志的低度契合。

而作为统治者，都不希望体现自己意志的法律规范的实施，总遭到被统治者群体的坚决反对、抵制甚至反抗。清醒和睿智的统治者，出于长治久安的考虑，在制定实施法律规范时，也就不得不使自己的意志，与被统治者的意志达成契合。这种意志契合，反映出被统治者在国家法律规范中的意志承认。尽管很多统治者，特别是崇尚专制独裁的统治者总是否认，但史实证明是否定不了的。

基于被统治者意志与法律规范体现的统治者意志契合的客观存在及其相互作用，人类社会逐步意识到，这种契合使得国家法律本质上蕴含着社会契约的内在规定性。

（三）摒弃恶法、固定并传承发扬良法是人类社会的必然选择

在人类社会文明发展史上，一直以来都有对法律规范意志取向的评判与评价。

1. 坚持正义反对非正义

人们对法律规范是否合乎社会正义的价值评判，很早就在古希腊以及我国西周至春秋战国时期形成思辨。围绕社会存续发展，执掌国家权力的统治者，应当担负起保障该国全体社会成员都能受到国家法律庇护的责任。各得其所，是社会正义的最起码要求。社会资源、权益等分配，体现于法律中，就是分配的正义。执政者对于分配的不公，可以通过法律实施予以矫正，这就是矫正的正义。执政者制定实施法律，虽不可能完全脱离每个人客观存在的各种差异，但在承认、鼓励人们激发自己的能力创造财富的同时，需要恪守和捍卫比例的平等。违反社会正义的法律，被视为非正义的法律，全社会上下都有抵制、反对的权利。

2. 恪守仁慈、抵御残酷、苛刻

仁慈是人性中对于同类、另类关怀的仁爱、慈善、怜悯的本性表现。残酷、苛刻与之相反，体现为对同类、另类的暴戾、残酷、刻薄、刁难等。经过人类社会早期野蛮落后的教训总结和吸取，人类已经悟

出残暴和残酷是毁灭自己的最大危害，因此，进入文明时代，人类社会不仅创制法律遏制残暴，而且不断地强调在法律制定和颁行时，应当彰显仁慈，抵御残酷、暴戾；实施法律时倡导人性化的执法、司法艺术，尽量避免苛刻。

3. 兼爱、博爱、交利

人类社会，爱是人主动或自觉地以自己无条件地给予而非索取和得到的言行，珍重、呵护或满足他人和自己无法独立实现生存利益的人性表现。尊重是爱言行的基础，也是自爱、兼爱、博爱的前提。法律规范的制定或承继，涉及人类社会所有成员，如果不尊重、不呵护或满足他人的生存利益，人类社会根本不可能发展进步。因此，睿智的统治者一旦执政，就必须制定在立法、执法、司法中构建珍重、呵护或满足他人和自己无法独立实现生存利益的法制机制，以争取人们的支持和拥护，确保自己的统治长治久安。而且，基于人们生存利益的客观条件限制，法律规范不能只把自爱、兼爱、博爱作为虚伪的标榜，而是要通过具体的行为规范，落实到社会成员的现实利益方面。由此一来，自爱、兼爱、博爱实现的法律途径，就是互惠互利，就是2 000多年前中国老百姓觉悟出来的交相利。

4. 承继、发扬良法，摒弃恶法

法律演进的史实揭示，法律规范的存续与否，不以人的主观意志为转移，而必须遵循有利于人类社会文明发展的客观运行规律。一般来看，大凡能够最大限度地维护社会每一个成员生存发展权益的法律规范，诸如平等地保护财产、尊重人格、制止侵害等，都会被视作良法世代承继下来，并不断发扬光大。大凡以为自己执政就可以随心所欲剥脱他人财产、奴役剥削他人劳动成果、残酷地杀戮被统治者的法律规范，都必然被视为恶法而速遭摈弃。

良法作为有利于人类社会文明发展的成果传承发扬，彰显人类智慧不断积累升华的规律。废除良法，非睿智之举，良法已成近现代文明必然选择。恶法的摈弃亦源于人类能够理性总结历史经验、吸取历史教训的睿智秉性。一个社会，一个国家，如何对待良法和恶法，不仅反映统治者执政的智商与能力，也彰显其国民素养水平。

### 五、法律规范的遵守

人类社会为什么要遵守法律？其根本的原因在于，遵守经过人类社会存续进步实践检验总结积累的法律，能够给人们的生产生活沿着文明的道路发展带来好处。

第一，遵守法律可以"定分止争"。所谓"定分"，就是确定事关社会每个成员生存必需物（主要包括物的占有、使用、收益、处分）的权利义务。这些必需物的权利义务一经"定分"，每个人生存必需物的份额就得到全社会的确定。即使人们之间生存必需物的交换，也是以事先确定的各自生存必需物为前提和基础发生的。"定分"的出现，终结了人类洪荒时代对生存必需物只是通过无休止的争斗抢夺的野蛮，开启了人类社会的文明时代。而人类社会实现"定分"的信物，就是法律。有了法律，大家都明确各自的权利义务，野蛮抢夺争斗等自我毁灭言行也就得到全人类高度自觉的遏制。因此，遵守法律可以"定分止争"的好处，每每为人们社会生存实践所实证，愈来愈为人们所笃信。

第二，遵守有了确定规矩的法律，才可以形成规圆距方的生产生活所必需的社会秩序。作为人类社会交往的规矩，法律对人们的行为有了明确的指引、允许、禁止等规范。遵循"定分止争"的目的和客观规律，法律指引人们各得其所地生产生活，允许人们在法律不明令禁止的范围内自由地追求、发挥和创造，禁止任意侵犯他人的合法权益。正是在遵守法律的基础上，人类社会形成了自我约束的社会存续必需的秩序，保障着人类社会文明的不断进步。

第三，遵守法律，可以使自己和他人的生产生活经济高效。对于每一个社会成员来说，违反已经"定分止争"的法律，不仅仅会造成对他人的危害，损害他人的合法权益，更为严重的是会破坏自己与他人在社会生产生活中所必需的交往、合作等基本的社会运行秩序。违反法律，不遵守法律，代价巨大，使得自己和他人的生产生活成本增加，效率降低，甚至还要承受处罚。这样违背客观功利规律的不合算，是每一个正常的社会成员都能够觉悟到的。因此，在社会生产生活中，要想使自己的行为经济高效，遵守法律、得到法律的保障而不是制裁甚至处罚，就必然成为正常人自觉的选择。

第四，遵守法律，能够使自己和他人的生存发展有安全良善的社会环境支撑。生物进化规律揭示出群体生存比个体生存概率高出许多，是经过无数实证的事实。人类之所以比其他灵长类发达，基本的原因在于，人类社会运行有了睿智的结果。这个结果，就是有了法律，人类避免了同态复仇、互相杀戮的自我毁灭。在法律维系支撑的社会环境中，人们的生产生活相对有序而安全。遵守法律，是个人被社会接纳、承认并保护的底线。因此，遵守法律，也就愈益成为人们争取并维系最佳社会生存环境的不二选择。

## 六、法治的科学认知

对于什么是法律,什么是法治,各个阶层、各个阶级的认识各有不同。

有的阶级主张法律是社会强者或执政者的意志,有的阶级则对此持有极大的怀疑。有的阶层认为法律是社会契约,但有的阶层认为该主张具有回避法律实质规定性的问题。

经过人类社会历史的不断检验,从最一般抽象看,任何阶级任何阶层,都不否认法律是社会中人们行为规范的内在性质。而通过与人类社会其他行为规范,诸如道德规范、宗教规范、习俗习惯规范的比较,人们开始对法律规范呈现的国家意志性质,以及其受国家强制力保障实施的特性,有了趋同的认知。作为国家承认、制定或认可的具有国家强制力保障实施的行为规范,法律规范的国家意志性质和国家强制力保障实施的性质,是其他社会规范不具备的。

迄今为止,作为与人治、德治相对立的治国理政方式,法治不管是在西方还是在中国,都或早或晚,不同程度地受到人们的关注。

对于什么是法治的理解,西方也好,中方也好,虽仁者见仁智者见智,但在研究论域和研究目的方面,主要还是基于以下问题限制展开。

第一,对于什么是法、法律,法治论者与人治、德治论者的理解对立。诸如法、法律是否具有完全普遍的规范性?法、法律是否仅仅是统治者意志的体现?法、法律的演进是否有客观规律可循?已经过人类社会进步发展实践检验的法、法律,当下统治者是否可以随心所欲地废除或变更？法、法律的制定颁行是否需要遵循客观规律？法、法律的实施是否仅仅凭借或依靠国家强制力支撑？法、法律的制定者违法是否可以法外调整或处置？统治者是否可以以灵活的政策长期或临时搁置法、法律的适用？凡此等等，都涉及法、法律的本质规定性认知。脱离了法、法律本质规定性去认知法治，犹如逻辑上没有大前提支撑，或者大前提失真，没法进行逻辑思辨推理，很难求得并坚持真理。故愚以为，展开对上古中西法治观分析研究，拟立足于中西法治观认知的法、法律的本质规定性展开。

第二，既然法治已经成为我们中华民族振兴发展和文明进步的主流共识，那么，法治理论探索也就要围绕上古中西关于法治价值的认知展开分析。诸如法治观念何时出现？为何出现？上古中西方法治观念的具体表现及其异同？上古中西方法治观念的历史演变差异及其原因？如何认识和评判上古中西法治观？如何借鉴上古中西法治观以及如何吸取其中精华，等等，学术研究无法回避。

第三，愚认为，在对人类历史上特别是上古法治观的评判借鉴上，不能继续"华夷之辩"。局限于本民族沙文狭隘论域境界，决定评判及借鉴本民族与外民族对于法治的取舍，对本民族发展进步有百害而无一利。因此，面对法治评判借鉴论域是中还是西的问题时，愚恪守"法苟善，虽蛮夷，吾师之；法苟不善，虽祖宗吾弃之"的原则。

基于以上考量，愚研究上古希腊、罗马和先秦法治观，尽量全面系统、客观科学地梳理法治观演进史实，辩证比较分析评判，为促进当下及今后中国乃至全人类法治理论和法治实践探索，提出可行性参考建议。

从根本上看，法律包括法治的存续和发展，与人类社会存续发展一样，都遵循着不以人的主观意志为转移的客观规律。科学地认知法律、法治存续运行的客观规律，引导和规范人们的行为，提高全社会成员的智识与行为自觉能力，对排除反科学或非科学的认知干扰或阻碍，经济高效地维系并促进人类社会文明存续和发展，有百利而无一害。

第一章

# 古希腊法治观

人类发展版图上，相对于亚细亚（印度、日本、波斯和中国等）以及非洲（埃及等）而言，发端于古希腊的法治思想，对后世西方近代文明进步具有直接和深远的影响，已为越来越多的人认知并关注。

古希腊从旧石器时代就有人居住。约公元前3 000年前，即有青铜冶炼。约公元前2 000年，克里特岛迈入文明时代。经米诺斯王朝称霸，约公元前1 500年，迈锡尼文明出现，一直延续到约公元前12世纪。此后进入黑暗时代（荷马时代）。至约公元前1 000年，雅典成为核心城邦。随着大规模殖民扩张，各城邦政治、经济、文化交流碰撞加速。智者①时代应运而生。

---

① 智者，对各种权利争议提供论辩，并以传授知识为生。英国哲学史学家罗素认为其有点类似近代公司法律顾问。参见，罗素. 西方哲学史（上卷）[M]. 何兆武，李约瑟，译. 北京：商务印书馆，2002：108.

## 第一节　古希腊三杰以前的法治观

由于年代久远以及传世文献和考古发掘成果的局限，今天人们对于古希腊文明的法治观起源的认知，基本上是从苏格拉底开始的。对于苏氏以前的古希腊文明中如何认知法、法律以及法治，本课题研究试从以下方面予以探索。

### 一、正义观的源起和流变

早期古希腊社会同周边古埃及、美索不达米亚、古巴比伦等文明一样，"立法者从神那里接受了他们的法典，因此犯法就是亵渎神明"①。当时人们对于正义的认知，笼罩于神学意识之中。② 但有一点与周边观念不同。古希腊社会已经认识到，客观外部世界有不以人的意志为转移的"运命""必然"与"定数"这些冥冥存在，连宇宙之神宙斯也不得不服从。③ 为制止人类无休止的争斗和恶意相向，宙斯

---

① 罗素．西方哲学史（上卷）[M]．何兆武，李约瑟，译．北京：商务印书馆，2002：27．
② 当时的诗歌"英明君王，敬畏诸神？高举正义，五谷丰登"。荷马史诗，奥德赛：XIX109 以下。
③ 罗素．西方哲学史（上卷）[M]．何兆武，李约瑟，译．北京：商务印书馆，2002：33．

令人彼此尊重,并赐予人们正义感。①

到米利都学派,认为"正义"体现不能逾越的永恒固定的界限,无论是神还是人都要服从;这是"一种最深刻的希腊信仰"②。当时,神启的裁定、指示或判决忒弥斯(Themis),反映着"人们对何为正当的共同感知"③。赫拉克利特时期,则意识到社会统治不能任人类特别是统治者主观臆断;作为不受人的意志左右的客观存在,"上帝无疑是宇宙正义的体现","斗争就是正义"。④

将正义视作人神均要遵守的不能逾越的固定界限,并加以信仰,反映出古希腊文化进入米利都学派时期,已经非常重视一种永恒秩序及维系这种秩序的规范机制的认知深化。相对于信仰神灵却经年在战争和暴力争斗的水深火热中,社会秩序不确定,冀望通过正义——被赋予不能逾越的永恒固定的界限的性质,以维系当时希腊社会的存续发展,无疑是一种进步。而对何为正当的共同感知,促使不管是公权力执掌者还是被统治者,在正义的认知上都不能主观臆断。在上帝才是宇宙正义的体现认知基础上,人们特别是被统治者,不能屈从于统治者垄断正义意识的桎梏。人们有权抗争以争取正义,这是对"斗争就是正义"的最好诠释。

---

① 普罗泰戈拉篇,322 B.C. 又见本杰明·乔伊特(Benjamin Jowett, 1817—1893). translated into english with analyses and introductions by Benjamin Jowett, Protagoras, 1871年. 参见,本杰明·乔伊特. 柏拉图著作集[M]. 桂林:广西师范大学出版社,2008.
② 本杰明·乔伊特. 柏拉图著作[M]. 桂林:广西师范大学出版社,2008:53.
③ 约翰·莫里斯·凯利. 西方法律思想简史[M]. 王笑红,译. 北京:法律出版社,2010:6.
④ 罗素. 西方哲学史(上卷)[M]. 何兆武,李约瑟,译. 北京:商务印书馆,2002:73.

随着智者怀疑的不断展开，梭伦及其以后民主制与各项解负令改革的深化，古希腊人们思想观念大大飞越。普罗泰戈拉公然宣称"人是万物的尺度，是存在的事物存在的尺度，也是不存在的事物不存在的尺度"①，表明神的崇拜让位于人的理性思辨，促进了古希腊思想的实用走向。然而，功利主义的实用取向，也导致特拉西马库斯"除了强者的利益而外并没有正义"；"法律是政府为了自身利益而制定的"；"在争夺权力的斗争里，并没有可以援用的客观标准"等观念。② 这些观念，受到后来古希腊三杰的坚决批判。在其涉及指控的裁判的论辩中，安提丰尤其强调："正义因此就是不违反一个人作为公民所在的城邦的规则。因此如果有一个人能在目击者在场时以法律为重，在目击者缺席时以自然的结果为重，他就能最好地利用正义让自己获利。"③ 这表明，正义已经被作为当时城邦共同的社会评判原则，受到普遍的认知。

## 二、善、公正观念演进

公正的观念在古希腊社会，相对于不公正言行而不断清晰。约公

---

① 罗素. 西方哲学史（上卷）[M]. 何兆武，李约瑟，译. 北京：商务印书馆，2002：111. 又见本杰明·乔伊特（Benjamin Jowett）translated into english with analyses and introductions By Benjamin Jowett, Protagoras, 1871 年版，柏拉图著作集[M]. 广西师范大学出版社，2008.
② 罗素. 西方哲学史（上卷）[M]. 何兆武，李约瑟，译. 北京：商务印书馆，2002：111. 类似观点在喀里克里斯思想中也存在，他认为"自然的法则乃是强者的法则；但是人们为了方便，就设立了种种制度和道德诫条以便束缚强者"。
③ 迈克尔·加加林，保罗·伍德拉夫. 早期希腊政治思想——从荷马到智者[M]. 蒋栋元，译. 北京：中国政法大学出版社，2013：300.

元前八世纪，希腊诗人赫西奥德（赫西俄德）和同时代其他诗人的作品中，谴责"不公判决"，认为"不公判决"是罪恶。①

善是人向往美好、幸福生活的本性表现之一面，体现为对同类、对其他动物的宽恕，以及与自然和谐共处的思想言行，与恶对应。古希腊文明中，人性善应用于社会调控的观念，最早可溯追到公元前7世纪。哲学家皮特库斯（Pittacus，前624—前548年）认为："不要对你的邻居做你不喜欢他对你做的事。"（Do not to your neighbor what you would take ill from him）另一位哲学家泰利斯（Thales，前624—前546年）也说："不要做你抱怨别人做的事。"（Avoid doing what you would blame others for doing）②这是人类社会维系黄金法则"己所不欲勿施于人"的最早观念，也是最体现人类共同捍卫法治规则的核心理念。③

为遏止立法不公开的不公，希腊人于德拉古、梭伦开始以恒定和公开的形式制定并宣告法律规范。这表明古希腊人至少从公元前7世纪就已经形成了公布成文法体现公正和正义的观念。同时也表明过去只有贵族俨然执掌正义但往往扭曲立法的不公，被彻底批判和有效地抵制。诚如当时戏剧家欧里庇得斯在其作品中指出，"成文法的出现是一种渐进的成就"，"旨在平衡贫富差距"。而后世学者则对此进步有了更准确恰当的评价："一旦法律被刻在石头上或青铜上公开颁布，所有人都可以知晓并予以运用，从而不再受制于封闭的特权阶层的专

---

① Skoliai Dikai：Hesiod, Works and Days 224-226. 转引自约翰·莫里斯·凯利. 西方法律思想简史［M］. 王笑红，译. 北京：法律出版社，2010：7.
② 转引自张维迎. "理与法——从吴英案到曾成杰案"［J］. 经济观察报，2013-8-23. 参见 http：//blog. sina. com. cn/s/blog_ 7696a2a20101nkny. html.
③ 1417.50，-2.70，-0.19, golden rule or golden law, 即"黄金规则"或"黄金法律"。

断表述和解释。"① 当然，更为重要的价值及意义绝非仅仅是专断的表述和解释，而是这些凭借立法专断特权掩盖的所有社会成员是否拥有平等的权益，以及打破专断立法带来的新型社会运行秩序。

### 三、法律与正义是我们的王，植根于自然本性

在维系正义生活的思维进化中，"城邦也是如此定下由过去的伟大立法者发现的法律，要求公民根据它们来统治和受统治，惩罚任何逾越法律的人。这一类惩罚的名称，在雅典和其他地方都是纠偏，因为正义纠正偏颇"②。由此揭示古希腊人视法律为实现正义基本方式或途径的思维，开始上升到理性层面。

当时对是否具有正义的评判，开始用是否接受法律来评判。"例如一个在你看来非常不正义的人，如果他是被法律和人养育起来的，那其实就是正义的。"③ 同时期的智者利柯弗伦（Lycophron）认识到："法律是人们正当行为的保证。"④ 这样的论断，无疑证明古希腊智者已将法律视作规范人们正义言行和正当行为的试金石。

而更为著名的杨布利柯的无名氏，系统地阐述：

---

① Suppliants 429 ff. 转引自约翰·莫里斯·凯利. 西方法律思想简史［M］. 王笑红，译. 北京：法律出版社，2010：8.
② 普罗泰戈拉语。参见迈克尔·加加林，保罗·伍德拉夫. 早期希腊政治思想——从荷马到智者［M］. 蒋栋元，译. 北京：中国政法大学出版社，2013：224－225.
③ 普罗泰戈拉语。参见迈克尔·加加林，保罗·伍德拉夫. 早期希腊政治思想——从荷马到智者［M］. 蒋栋元，译. 中国政法大学出版社，2013：226.
④ 参见迈克尔·加加林，保罗·伍德拉夫. 早期希腊政治思想——从荷马到智者［M］. 蒋栋元，译，北京：中国政法大学出版社，2013：336.

  因为如果人就自然本性来说不能独自生存,而要聚在一起,服从于必然性,并且发展出了这个目的所需的整个生活方式和技能,生活在无法治的状态下就不能彼此相处——因为无法治状态带来的惩罚比独自生活还大——由于以上所有限制,法律和正义就是我们的王,永远不会被取代,因为它们的力量深深植根于我们的自然本性。①

  也就是说,古希腊智者对于法律和正义的认知,是基于人类社会生存的自然本性展开的,而这种本性就是人的社会性。其思辨逻辑在于,人们必须聚居才能生存发展,要聚居就必须相处和交往,而经验已经揭示出相处和交流中无法治状态危害最大,因此,人们不得不吸取经验教训,形成并维系能够使人类社会存续的有正义和法律规范的法治状态。既然人们已经意识到法治状态"深深植根于我们的自然本性",那么,"法律和正义就是我们的王",具有至高无上的神圣的地位,需要人们尊敬和信仰。

### 四、法治状态是社会存续的保障

  在古希腊,城邦之间以及城邦与外部社会和自然界之间,争斗日益加剧。人们的社会联系也相应密切。"因为如果有这样一个人,他想要生存也得和法律、正义联合,加强它们的力量,并且用自己的力

---

① 迈克尔·加加林,保罗·伍德拉夫. 早期希腊政治思想——从荷马到智者[M]. 蒋栋元,译. 北京:中国政法大学出版社,2013:358.

量支持它们和它们的支持者。否则他维持不下去。"当时人们形成帮派抱团取暖的程度已经非常高。"因为我想每个人都会出于自己对法律和秩序的需求而反对一个具有如此自然本性的人,大众会依靠巧计或者强力,颠覆和打败这样一个人。"

但是,在社团、帮派、族群乃至城邦和国家,支配和被支配的关系,不可能延续过去任人唯亲或任钱唯亲甚至更为低级的维系状态。这就使得人们不得不考虑和选择一种新型的能够带领团体存续并壮大发展的"游戏规则"。"因此支配本身——真正的支配——似乎是通过法律和正义维持的。"①

对于究竟为什么要选择法律和正义来作为人们存续发展的理由,当时的古希腊智者进行了以下思辨。

其一,总结经验教训可知,群体中的支配与被支配关系违背自然理性,不仅仅是看到荷马英雄时代专断危害的表面,"还应当知道的是,法治状态和无法治状态彼此区别有多大,知道前者对群体和个人都最好,后者则最差;因为伤害直接来自无法治状态"。

其二,通过对无法治状态和有法治状态的理性分析,智者群体意识到:"法治状态的第一个结果是信任,这让所有人都大大受益,是最大的善举之一。信任的结果是,所有人都能因财产而受益,即便只有一点财产也够用了,因为它会流通,而没有信任的话即使是大笔财产也派不上用场。"也就是说,古希腊智者认为:"法治状态能让人最有效地应对影响他们生命和财产的时运转变,不论是好是坏。享受好

---

① 迈克尔·加加林,保罗·伍德拉夫. 早期希腊政治思想——从荷马到智者[M]. 蒋栋元,译. 北京:中国政法大学出版社,2013:358.

运的人能安全地收获利益，不要担心别人对他们有图谋；而遭受厄运的人会得到更幸运的人帮助，因为法治状态使得他们彼此交往、彼此信任。"这是人们群居交往最好的保障方式。

其三，在有信任保障的基础上，古希腊已有智者认识到"法治状态的另一个结果是，人们不在公共事务上花费时间，而把时间用在日常工作上"。也就是说，在法治状态下，不仅使人们彼此交往能够彼此信任，更为实惠的是节约了这种交往的成本，这一方面节约了法经济学派所关注的交易成本，另一方面也促成人们社会存续的心灵健康，即，"在法治状态下，人们无须怀有最不愉快的关心，而是享受最愉快的关注；关心公共事务是最不愉快的，而关心自己的工作是最愉快的"①。

从以上观念看，古希腊智者的思辨，不仅仅是把人们的思想从荷马时代的神性，带到了自然本性的人性境界，而且围绕群体、城邦、国家的社会调控和治国理政，展开了深入的讨论和论辩。特别是围绕社会正义和实现正义的法治状态的论辩，无论怎么比较分析，都达到了一个新的高度，实现了质变和飞跃。其中关于有无法治状态的利弊分析，以及人类为什么选择法治的理由思辨，对后世古希腊三杰的理性思辨，对西方中世纪宗教思维及近代思想的启蒙，乃至今天我们的学术探索，均具有重大的启迪和借鉴价值。

---

① 迈克尔·加加林，保罗·伍德拉夫. 早期希腊政治思想——从荷马到智者[M]. 蒋栋元，译. 北京：中国政法大学出版社，2013：359.

## 第二节　古希腊三杰时期的法制思辨及其法治观

### 一、民主自由为法治实施之基础

在智者充分思辨（包括诡辩）的基础上，随着古希腊民主制实践的发展，对民主自由的理想追求不断深入。其中主要观念见于修昔底德。① 他通过伯里克利那篇千古传颂的《在阵亡将士国葬典礼上的演说》，对雅典民主政治的精神和原则进行了高度的概括和赞扬：

> ……我们的政体之所以称为民主政体，就是因为我们这个政府是为了多数人，而不是为了少数人。我们的法律，在解决私人争执的时候，保证人人在法律面前一律平等、无所偏私；尽管人们的社会地位有高低不同，但在选拔某人担任公职的时候，所考虑的不是他的阶级出身，而是看他有没有真才实学。任何人，只要他对国家有所贡献，决不会因为贫穷而在政治上湮没无闻。我们在政治上享有的这种民主自由，也广泛地体现于我们的日常生

---

① 修昔底德约于公元前460年出生于雅典，自幼生活在雅典，因此对雅典的民主政制和法治精神有深切的体会。

活之中。①

以上观念传递出明确而清楚的信息。第一,当时雅典人已经高度觉悟到为社会多数人服务的最佳政府组织形式是民主政体。第二,民主政体需要平等、公正的法律支撑。第三,参与政府管理不能以阶级、贫富为选拔原则,"而是看他有没有真才实学"。第四,人人在法律面前一律平等、无所偏私,是社会存续的原则,也是法治的根基。

对于为什么要视民主为实施法治之基础的理由,柏拉图做了如下解释:

> 而且依据公正的原则——无论从政是一件好事或是一件坏事——,正也应该让全体公民大家参与政治;安排好执政者轮流退休,并使他在退休以后和其他同等的自由人处于同等的地位,这就不失为一个通情达理的办法了。在同一期间,一部分人主治,另部分人受治,经过轮替,则同一人就好像是更换了一个品类。而且那些在同一期间执政的人们所任政务也各不相同。②

依据以上理想,柏氏重申"但在一般共和政体中,公民们轮番执政,也就是轮番做统治者;在一个共和国内大家认为所有公民完全平

---

① http://baike.baidu.com/link?url=6ZsS8RVB9PEboCju-EMjysun1qdaYN7MZYiPGy-Kn0YUlDhwIZPU0DoGm48E—zsCpKswJgJRqjVPn8AxYC_FnfP7rOd9mG.
② 亚里士多德. 政治学:卷二,章二[M]. 吴寿彭,译. 北京:商务印书馆,1965:46-47.

等,没有任何差别"①。

亚氏承继其师的理想遗产,从自然理性出发,认为"共同的关心总要通过法律来建立制度,有好的法律才能产生好的制度"②。通过与非民主之一人专制、少数人专权的政体比较,亚氏认定:"民主制在所有蜕变形式中是坏处最少的。"③

## 二、法治在德性基础上建构,反过来促成并维系社会公德

随着古希腊社会的不断改革,对国家或城邦管理实践以及人们社会交往规范所依托的道德,三杰时期进行了系统深入的理性思辨。当时"真正的政治家,(如克里特和斯巴达的立法者,以及其他类似的立法者)都要专门地研究德性,因为他的目的是使公民有德性和服从法律"④。

将有德性和服从法律相提并论,以德性作为立法者立法必须优先考量的问题,在古希腊三杰的思辨中占有核心地位。亚里士多德集其大成总结道:"德性分为两种:理智德性和道德德性。理智德性主要通过教导而发生和发展,所以需要经验和时间。道德德性则通过习惯养成,因此它的名字'道德的'也是从'习惯'这个词演变而来。"⑤

---

① 亚里士多德.政治学:卷一,章十二[M].吴寿彭,译.北京:商务印书馆,1965:26.
② 亚里士多德.尼各马可伦理学[M].廖申白,译.北京:商务印使馆,2003:315.
③ 亚里士多德.尼各马可伦理学[M].廖申白,译.北京:商务印使馆,2003:248.
④ 亚里士多德.尼各马可伦理学[M].廖申白,译.北京:商务印使馆,2003:32.
⑤ 亚里士多德.尼各马可伦理学[M].廖申白,译.北京:商务印使馆,2003:35.

通过理智德性和道德德性的深入比较,亚氏对人们违法和守法行为的德性,进行了理性分析:"我们把违法的人和贪得的、不平等的人,称为不公正的。所以显然,我们把守法的、平等的人称为公正的。所以,公正的也就是守法的和平等的;不公正的也就是违法的和不平等的。"① 以公正、平等衡量评价人们违法和守法的德性差异,使得亚氏的伦理逻辑进一步做如下展开:

> 既然违法的人是不公正的,守法的人是公正的,所有的合法行为就在某种意义上是公正的。因为,这些行为是经立法者规定为合法的,这些规定都是公正的。所有的法律规定都是促进所有的人,或那些出生高贵、由于有德性而最能治理的人,或那些在其他某个方面最有能力的人的共同利益的。所以,我们在其中之一种意义上,把那些倾向于产生和保持政治共同体的幸福或其构成成分的行为看作公正的。②

基于人的社会性考量,亚氏将是否有利于政治共同体的幸福,作为人的德性衡量和评价的原则。他重申"这种守法的公正是总体的德性……还有谚语说:公正是一切德性的总括"③。特别强调:"守法的公正不是德性的一部分,而是德性的总体。它的相反者,即不公正,

---

① 亚里士多德. 尼各马可伦理学[M]. 廖申白,译. 北京:商务印使馆,2003:128-129.
② 亚里士多德. 尼各马可伦理学[M]. 廖申白,译. 北京:商务印使馆,2003:129.
③ 亚里士多德. 尼各马可伦理学[M]. 廖申白,译. 北京:商务印使馆,2003:130.

也不是恶的一部分，而是恶的总体。"①

亚氏从德性论证人们守法和违法，不仅考量以道德为法律基础并支撑法律运行的逻辑，而且也为法律支撑道德的相辅相成的辩证关系进行思辨。亚氏最经典的结论是："出于总体的德性的行为基本上就是法律要求的行为。因为法律要求我们实行所有德性，禁止我们实行任何恶。"② 结合亚氏法治理论中实行的法必须是良法、善法的思辨，我们可以领悟到亚氏从德性论证法治合理性的另一面。这就是说，只要有利于人类政治共同体幸福存续，这样的法律就体现人类德性的总体，指导并规范人们趋善，遵循之则有德性，违反之则为恶。其中以德致力于法治的思辨，达到人类智识相当高度，蕴含着：第一，法治就是人类总体德性实现最基本方式的智慧火花；第二，法治其实就是政治共同体德治的思维路径。这种智慧火花的闪光，直接影响到西方中世纪，也照亮近现代人类社会文明演进，启迪着人们不断健全和完善法制的思维之飞跃与实践之质变。

## 三、善和正义（公正）③是人类社会治国理政的目标

基于"每一个灵魂都追求善，都把它作为自己全部行动的目标"④

---

① 亚里士多德. 尼各马可伦理学 [M]. 廖申白，译. 北京：商务印使馆，2003：131.
② 亚里士多德. 尼各马可伦理学 [M]. 廖申白，译. 北京：商务印使馆，2003：133.
③ 在所有中文译本中，有的译者将正义译为公正。就其词义分析，正义的外延要比公正宽泛。如亚氏认识到"公道虽然公正，却不属于法律意义上的公正，而是对法律公正的一种纠正"。这其中亦显示其对"正义""公正""公道"的认知有区别。本文分析视公正与正义同义展开，而正义需要公正支撑。但就中译本看，公正似为正义的同义语。
④ 柏拉图. 理想国 [M]. 郭斌和，张竹明，译. 北京：商务印书馆，2003：261.

的哲学思辨,而"政治学上的善就是'正义',正义以公共利益为依归",①三杰遂将实现正义作为人类社会致善的主要表现和根本途径加以思辨与理念化。

其一,人们追求正义、捍卫正义,是因为正义比不正义对人类社会存续有益,"即使可以不加限制,为所欲为把不正义的事做到极点,我还是不相信不正义比正义更有益",所以,"好人是正义的,是不干不正义的事的呀"。②

其二,法律是促成人类社会全体维系正义和善德的永久制度。在城邦时代"要不是徒有虚名,而真正无愧为一'城邦'者,必须以促进善德为目的。不然的话,一个政治团体就无异于一个军事同盟,其间唯一的差别就只在空间上,一个'城邦'内的居民住在同一空间,而另一个'同盟'内的人民则住在互相隔离的两个地区。又,如果不是这样,法律也无异于一些临时的合同——或引用智者(诡辩派)吕哥弗隆的话语,法律只是'人们互不侵害对方权利的[临时]保证'而已——,而法律的实际意义却应该是促成全邦人民都能进于正义和善德的(永久)制度"③。

其三,法律的好坏也依正义与否评判。"相应于城邦政体的好坏,法律也有好坏,或者是合乎正义或者是不合乎正义。这里,只有一点是可以确定的,法律必然是根据政体(宪法)制定的;既然如此,那么符合正宗政体所制定的法律就一定合乎正义,而符合变态或乖戾的

---

① 亚里士多德.政治学:章十二[M].吴寿彭,译.北京:商务印书馆,1965:180.
② 柏拉图.理想国[M].郭斌和,张竹明,译.北京:商务印书馆,2003:27.
③ 亚里士多德.政治学:章九[M].吴寿彭,译.北京:商务印书馆,1965:169.

政体所制定的法律就不合乎正义。"① 因此,"人们认为,政治共同体最初的设立与维系也是为了利益。而且,这也是立法者所要实现的目标。他们把共同利益就称为公正"②。

其四,正义就是各得其所。古希腊社会早期,人们已形成"欠债还债就是正义""正义就是'把善给予友人,把恶给予敌人'"③等观念。梭伦改革时告诫人们:"直道而行,人人各得其所。"④

到三杰时期,柏拉图亦认为:"正义就是有自己的东西干自己的事情。"⑤ 具体地说:"当生意人、辅助者和护卫者这三种人在国家里各做各的事而互不干扰时,便有了正义,从而也就使国家成为正义的国家了。"⑥ "国家的正义在于三种人在国家里各做各的事。"⑦

随着对正义与非正义的进一步抽象,三杰已经觉悟到:"简而言之,正义包含两个因素——事物和应该接受事物的人;大家认为相等的人就该配给到相等的事物。"⑧ 由此,在深入分析论证家庭和社会政治的正义基础上,亚氏进一步进行了正义的分类。

第一,虽然逻辑上亚氏也认为绝对平均的分配正义最体现正义原旨,但在具体的社会生产生活中,相对比例的分配正义才是最能够体现因人的能力差异的正义。"所以,分配的公正在于成比例,不公正

---

① 亚里士多德. 政治学:章十[M]. 吴寿彭,译. 北京:商务印书馆,1965:179-180.
② 亚里士多德. 尼各马可伦理学[M]. 廖申白,译. 北京:商务印使馆,2003:246.
③ 柏拉图. 理想国[M]. 郭斌和,张竹明,译. 北京:商务印书馆,2003:8-13.
④ 亚里士多德. 雅典政制Ⅶ[M]. 北京:商务印使馆,1959:15.
⑤ 柏拉图. 理想国[M]. 郭斌和,张竹明,译. 北京:商务印书馆,2003:155.
⑥ 柏拉图. 理想国[M]. 郭斌和,张竹明,译. 北京:商务印书馆,2003:156.
⑦ 柏拉图. 理想国[M]. 郭斌和,张竹明,译. 北京:商务印书馆,2003:169.
⑧ 亚里士多德. 政治学:章十二[M]. 吴寿彭,译. 北京:商务印书馆,1965:180.

则在于违反比例。"①

第二,"具体的公正及其相应的行为有两类:一类是表现于荣誉、钱物或其他可析分的财富的分配上(这些东西一个人可能分到同等的或不同等的一份)的公正。另一类则是在私人交易中起矫正作用的公正。矫正的公正又有两种,相应于两类私人交易:出于意愿的和违反意愿的"②。

第三,政治公正(正义)的理解须遵循自然理性分析。亚氏认为:"政治的公正,有些是自然的,有些是约定的。自然的公正对任何人都有效力,不论人们承认或不承认。约定的公正最初是这样定还是那样定并不重要,但一旦定下了,如囚徒的赎金是一个姆那,献祭时要献一只山羊而不是两只绵羊,就变得十分重要了。"③ 因此,亚氏遵循自然理性的逻辑推论:"政治的公正是自足地共同生活、通过比例达到平等或在数量上平等的人们之间的公正。在不自足的以及在比例上、数量上都不平等的人们之间,不存在政治公正,而只存在某种类比意义上的公正。"④

第四,社会公正只能由法律来确立及维系。展开来说,人类社会,"公正只存在于其相互关系可由法律来调整的人们之间。而法律的存在就意味着不公正的存在,因为法律的运作就是以对公正和不公正的区分为基础的……所以,我们不允许由一个人来治理,而赞成由法律

---

① 亚里士多德. 政治学:章十[M]. 吴寿彭,译. 北京:商务印书馆,1965:136.
② 亚里士多德. 尼各马可伦理学[M]. 廖申白,译. 北京:商务印使馆,2003:134.
③ 亚里士多德. 尼各马可伦理学[M]. 廖申白,译. 北京:商务印书馆,2003:149.
④ 亚里士多德. 尼各马可伦理学[M]. 廖申白,译. 北京:商务印书馆,2003:147-148.

来治理"①。至于当时人们追寻的社会公道观念，亚氏认为"公道虽然公正，却不属于法律意义上的公正，而是对法律公正的一种纠正"②。

第五，立法对于正义（公正）的考量立足于一般而非特殊。"所以，法律制定一条规则，就会有一种例外。当法律的规定过于简单而有缺陷和错误时，由例外来纠正这种缺陷和错误，来说出立法者自己如果身临其境会说出的东西，就是正确的。所以说，尽管公道是公正且优于公正，它并不优于总体公正。……公道的性质就是这样，它是对于法律由于其一般性而带来的缺陷的纠正"③。

第六，在法律支撑和维系社会公正的鉴别上，"有两种公正，不成文的公正和法律的公正"④。这里所谓法律的公正，实指立法上的公正，亦即制定法的公正。不成文的公正，则指不成文或未成文的法律规范，如习惯法的公正。

以上六方面的理性思辨，充分展现亚氏在继承、鉴别、吸收苏格拉底和柏拉图思想成果的基础上，有了更为系统深入的研判。其基于比例公正（正义）理论的发现和总结，为如何具体推行社会公正（正义），提供了客观可行的思维路径。其关于分配的公正（正义）和矫正的公正（正义）分类，遵循自然理性以法律（包括习惯）支撑和维系社会公正（正义）的思辨，进一步深入到制定法一般性突出而特殊

---

① 亚里士多德. 尼各马可伦理学［M］. 廖申白，译. 北京：商务印使馆，2003：147-148.
② 亚里士多德. 尼各马可伦理学［M］. 廖申白，译. 北京：商务印使馆，2003：147-148.
③ 亚里士多德. 尼各马可伦理学［M］. 廖申白，译. 北京：商务印使馆，2003：161.
④ 亚里士多德. 尼各马可伦理学［M］. 廖申白，译. 北京：商务印使馆，2003：254.

性欠缺的公道的矫正方面，为其法治理论的系统探索奠定了科学理性思辨的智识基础。

从善和正义（公正）的自然理性思辨进一步展开，亚氏提出全体公民的最大幸福是国家的目标的观念，并予以逻辑认证。他说："在任何政府里，一个统治者，当他是统治者的时候，他不能只顾自己的利益而不顾属于老百姓的利益。"①既然明知"我们建立这个国家的目标并不是为了某一个阶级的单独突出的幸福，而是为了全体公民的最大幸福；因为，我们认为在一个这样的城邦里最有可能找到正义，而在一个建立得最糟糕的城邦里最有可能找到不正义"②。那么，"优良的立法家们对于任何城邦或种族或社会所当为之操心的真正目的必须是大家共同的优良生活以及由此而获致的幸福"③。

至于要立法明确国家致善和实现正义（公正）的责任担当的原因，则是人类社会存续不能混乱无序，而必须有秩序地运行，"法律（和礼俗）就是某种秩序；普遍良好的秩序基于普遍遵守法律（和礼俗）的习惯"④。

## 四、社会正义（公正）的捍卫必须依靠法律抵御恃强凌弱

苏格拉底晚年，经历了其人生最为激烈的斗争岁月。因而他也对

---

① 柏拉图. 理想国 [M]. 郭斌和, 张竹明, 译. 北京：商务印书馆, 2003：25.
② 柏拉图. 理想国 [M]. 郭斌和, 张竹明, 译. 北京：商务印书馆, 2003：133.
③ 亚里士多德. 政治学：卷七, 章二 [M]. 转引自：西方法律思想史资料选编 [M]. 北京：北京大学出版社, 1983：59.
④ 亚里士多德. 政治学：卷七, 章二 [M]. 吴寿彭, 译. 北京：商务印书馆, 1965：406.

社会正义（公正）有了最为迫切的追求和最为实际的理解。他疾呼："如果正义遭人诽谤，而我一息尚存有口能辩，却袖手旁观不上来帮助，这对我来说，恐怕是一种罪恶，是奇耻大辱。看起来，我挺身而起，保卫正义才是上策。"① 然而当时的掌权者集团，不仅不主持正义（公正），反而利用执掌公权力之权势，行不正义之事。因此，苏氏针锋相对，做了如下揭露和批判：

> 掌握了权力就不顾正义，这种不问是非（义或不义）的强迫统治总是非法的。更没有其他的技艺或学术可同这种政治家的本领相比拟。医师或舵师都绝对不应该对于病人或水手运用诱骗或强迫手段。然而，很多人在涉及政治时似乎就相信奴隶主对付奴隶的专制为政治家的真本领；人们对于他人（异族异邦的人），往往采取在自己人之间认为不义或不宜的手段而不以为可耻。他们在自己人之间，处理内部事情的权威总要求以正义为依据；逢到自己以外的人们，他们就不谈正义了。这样的行径是荒谬的；世上如果有某些分子具备自由的本性而也有另些天然需要受人统治，那么专制的权力就该限于那本来非自由的部分，决不可把这种权力向任何地方扩张。谁都不会去猎取人类以供餐桌或用作献祭；狩猎应当追逐那些适于所需的东西，而餐桌或献祭所需者应该是可以宰食的野生动物。②

---

① 柏拉图.理想国[M].郭斌和,张竹明,译.北京：商务印书馆,2003：57.
② 亚里士多德.政治学：卷七,章二[M].吴寿彭,译.北京：商务印书馆,1965：399.

基于以上对原始丛林规则弊端之考量，苏氏十分痛恨当时城邦统治者把持公权力却不伸张和捍卫社会正义（公正）的言行。一方面，他针对"诡辩家色拉叙马霍斯根据'每种政体颁布法律都是有利于自己的'逻辑，申称：'正义不是别的，就是强者的利益'"①之类的谬论，坚定地反对"正义就是强者的利益"的言行，强调"一个真正的治国者追求的不是他自己的利益，而是老百姓的利益——因此我绝对不能同意色拉叙马霍斯那个'正义就是强者的利益'的说法"②。另一方面，他重申反对恃强凌弱的一贯主张，认为"所有这些恃强逞暴的行为都是卑鄙而不义的"③。

当时不独苏氏有运用法律限制利用公权力反对恃强凌弱的观念，德摩斯悌尼改革在起诉富贵商人暴力侵犯其房屋时也特别指出："如果法律被富有和不道德的人败坏，民主的城邦就会衰亡。"因此，他主张公民用"法律的力量"获得对城邦事物的权力和权威。④

**五、社会管控治理之自然理性理论及人法关系思辨**

经过智者阶段人们对城邦社会存续运行的思辨，三杰对法律本质的探索，进入自然理性思辨渠道，为后人留下影响深远的智识结晶。

---

① 柏拉图．理想国［M］．郭斌和，张竹明，译．北京：商务印书馆，2003：18-19.
② 柏拉图．理想国［M］．郭斌和，张竹明，译．北京：商务印书馆，2003：31.
③ 亚里士多德．政治学：章十［M］．吴寿彭，译．北京：商务印书馆，1965：173.
④ 德摩斯悌尼．"诉梅迪亚斯"（Against Meidiias）．转引自：约翰·莫里斯·凯利．西方法律思想简史［M］．王笑红，译．北京：法律出版社，2010：15.

（一）有法律并遵守是人区别于兽性的本质要求

在质疑并抵御诡辩论者视恃强凌弱为规律而漠视法律价值的基础上，三杰高度觉悟到"人类必须有法律并且遵守法律，否则他们的生活将像最野蛮的兽类一样"①。这是人类在法律作用及其价值的本质认识上，最为精辟的理解。

同时，他们还就法律与社会、法律与个人之间关系，提出个人在社会的安全取决于法律，法律才是自由的主人的思想，认为人们都希望能够在社会生产生活中获得自由，然而"尽管自由，但不是在一切方面都是自由；他们有一个叫作法律的主人，他们对这个主人的畏惧甚至超过你的臣民对你的畏惧"②。

在以上思辨基础上，人们在社会中的言行，就自然形成了这样的逻辑关系："破坏法律者为不公，而守法之士则为公平，是则凡事之合法者，即为公平，而种种为有立法之权者，为合法，则是种种亦即为公平也。"③

（二）法律有利于城邦组织存续运行，体现人群合意，最宜治理

既然自觉到人类社会必须依靠大家互相依存才能抵抗天灾兽祸（包括人祸），才能存续发展，因此三杰时总结古希腊城邦制演进经

---

① 柏拉图. 法律篇. 875. 转引自：西方法律思想史资料选编[M]. 北京：北京大学出版社，1983：27.
② 修昔底德. 历史[M]. 7. 104. 另见，Euripides, Medea 536-8, Orestes 487. 转引自：约翰·莫里斯·凯利. 西方法律思想简史[M]. 王笑红，译. 北京：法律出版社，2010：9.
③ 亚里士多德. 政治学：卷五，第三章[M]. 转引自：西方法律思想史资料选编[M]. 北京：北京大学出版社，1983：29.

验，认为"城邦出自自然地演化，而人类自然是趋向于城邦生活的动物（人类在本性上，也正是一个政治动物）"①。当时城邦实践表明："城邦以正义为原则。由正义衍生的礼法，可凭以判断是非曲直，正义恰正是树立社会秩序的基础。"② 因此，"凡定有良法而有志于实行善政的城邦，就得操心全邦人们生活的一切善德和恶行。所以，要不是徒有虚名，而真正无愧为一城邦者，必须以促进善德为目的"。由此逻辑思辨，亚氏已经觉悟到："而法律的实际意义却应该是促成全邦人们都能进于正义和善德的永久制度。"③

（三）最好的国家应由最有素养的人领导或统治

柏拉图在其理想国家的思辨中，对人组织管理社会的能力差异，进行了深入的分析，认为规律性的现象是："一个按照自然建立起来的国家，其所以整个被说成是有智慧的，乃是由于它的人数最少的那个部分和这个部分中的最小一部分，这些领导着和统治着它的人们所具有的知识。并且，如所知道的，唯有这种知识才配称为智慧，而能够具有这种知识的人按照自然规律总是少数。"④ 因此，他认为按照"每个人必须在国家里执行一种最适合他天性的职务"⑤ 的自然逻辑，法律的理论及实践最理想的，就是维系这种人尽其才的社会运行秩

---

① 亚里士多德. 政治学：卷一，章一［M］. 转引自：西方法律思想史资料选编［M］. 北京：北京大学出版社，1983：41.
② 亚里士多德. 政治学：卷一，章二［M］. 转引自：西方法律思想史资料选编［M］. 北京：北京大学出版社，1983：42.
③ 亚里士多德. 政治学：卷三，章九［M］. 转引自：西方法律思想史资料选编［M］. 北京：北京大学出版社，1983：49.
④ 柏拉图. 理想国［M］. 郭斌和，张竹明，译. 北京：商务印书馆，2003：147.
⑤ 柏拉图. 理想国［M］. 郭斌和，张竹明，译. 北京：商务印书馆，2003：154.

序。他分析当时古希腊城邦的各种政体经验,认为"如果是由统治者中的一个卓越的个人掌权就叫作王政,如果是由两个以上的统治者掌权便叫作贵族政治"①。而不管是王政还是贵族政治,"只有在当权的那些人的儿子,国王的儿子或者当权者本人,国王本人,受到神的感化,真正爱上了真哲学时——只有这时,无论城市国家还是个人才能达到完善"。所以,柏拉图提出"必须确定哲学家为最完善的护卫者"②的理论。这也是他人尽其才必然的逻辑结论。

然而,柏氏关于哲学家为最完善的护卫者的思想,每每被后人误解,认为他是人治论的始作俑者。但全面系统分析柏氏思想理论,并没有发现其突出的只重人治而无视法律价值的论述。柏氏揭示少数人最先掌握知识与其真理总是为少数人先理解的规律性理论一脉相承,虽没有进一步解决人与法孰轻孰重的逻辑关系,但为其学生亚氏的思辨提供了理论前提。至于如何才能实现哲学家为最完善的国家护卫者,柏氏的思辨逻辑显然是要有规矩可循并有规矩保障的。这在其以下理论中可以找到依据。

(四)司法公正需良知和经验支撑,司法公平才能彰显司法价值

社会争议纠纷的司法公正处置,在柏氏思想理论中占有相当比重。他认为:"至于法官,我的朋友,那是以心治心。心灵决不可以从小就与坏的心灵厮混在一起,更不可犯罪作恶去获得第一手经验以便判案时可以很快地推测犯罪的过程,好像医生诊断病人一样。相反,

---

① 柏拉图. 理想国 [M]. 郭斌和,张竹明,译. 北京:商务印书馆,2003:175.
② 柏拉图. 理想国 [M]. 郭斌和,张竹明,译. 北京:商务印书馆,2003:251、257.

如果要做法官的人确实美好公正，判决正确，那么他们的心灵年轻时起就应该对坏人坏事毫不沾边，毫无往还。"这是西方司法公正以良知为基础的最早理论。

遵循以上理论，柏氏认为公正不仅需要良知支撑，也需要经验。"所以一个好的法官一定不是年轻人，而是年纪大的人。他们是多年后年龄大了学习了才知道不正义是怎么回事的。"也就是说，柏氏认为经验的积累，对维系司法公正十分重要。这样的积累，一定要遵循以时间连续体现的自然规律，"因此，好而明察的理想法官绝不是前一种人"①。

亚氏承继柏氏思想成果，进一步对司法本质进行思辨。他认为："人当争论之际，每求直于裁判官，即所以求得公平也。而裁判官者，则公平人之化身耳。"既然以主持公平为裁判官设置的目的，"且人恒于裁判官处求中道，故又呼之为中人。盖谓得其中则得公平，裁判官为中道故公平为公道也。裁判官之职，即在持平"②。所以，司法裁判之居中，是司法能否持平的关键前提。

### 六、法治本质思辨

#### （一）法治优于人治

针对柏拉图提出"必须确定哲学家为最完善的护卫者"的理论，

---

① 柏拉图. 理想国 [M]. 郭斌和，张竹明，译. 北京：商务印书馆，2003：119.
② 亚里士多德. 政治学：卷五，第七章 [M]. 转引自：西方法律思想史资料选编 [M]. 北京：北京大学出版社，1983：32.

亚里士多德对法治与人治孰优孰劣的问题展开理性思辨。其具体思辨逻辑展开如下：

> 在我们今日，谁都承认法律是最优良的统治者，法律能尽其本旨做出最适当的判决，可是，这里也得设置若干职官——例如法官——，他们在法律所没有周详的事例上，可以做出他们的判决。就因为法律必难完备无遗，于是，从这些缺漏的地方着想，引起了这个严重争执的问题："应该力求一个 [完备的] 最好的法律，还是让那最好的一个人来统治？"法律确实不能完备无遗，不能写定一切细节，这些原可留待人们去审议。主张法治的人并不想抹杀人们的智力，他们就认为这种审议与其寄托一人，毋宁交给众人。参与公务的全体人们既然都受过法律的训练，都能具有优良的判断，要是说仅仅有两眼、两耳、两手、两足的一人，其视听、其行动一定胜过众人的多眼、多耳、多手足者，这未免荒谬。实际上，君王都用心罗致自己的朋友和拥护王政的人们担任职官，把他们作为自己的耳目和手足，同他共治邦国。参与君主统治的职官们都是君主的朋友；如果不是朋友，他们的作为就一定不能符合君主的心意，如果是朋友，则应该 [跟君主] 是同样而平等的人；君主们既认为朋友们应该同他们共治邦国，则一邦之内所有同样而平等的人们也就应该一样地参与公务。这些就是不赞成君主政体（王制）的人们所持的主张。①

---

① 亚里士多德. 政治学：章十六 [M]. 转引自：西方法律思想史资料选编 [M]. 北京：北京大学出版社，1983：204-205.

对于以法律不可能周详而主张人治的理论分析，对于法律的社会实现总是必须依靠人落实的观点的理论思辨，亚氏的思辨逻辑并不是全盘否认。但从一个个人与众人在全面观察世界和社会的差异，亚氏基于其差异的客观性，厘清了这样一个真实道理："至于谁说应该让一个个人来统治，这就在政治中混入了兽性的因素。"① 而"法律恰恰正是免除一切情欲影响的神祇和理智的体现"②。由此亚氏得出结论：法治优于一人之治。同时，他特别强调：

> 对于每一类的社会，各从其宜，也各合乎正义。但僭主政体和其他类型的变态统治却对任何一类社会都不适宜，因为这些类型都反乎自然。上述种种已足够证明，凡由同样而平等的分子组成的团体，以一人统治万众的制度就一定不适宜，也一定不合乎正义——无论这种统治原先有法律为依据或竟没有法律而以一人的号令为法律，无论这一人为好人而统治好人的城邦或为恶人而统治恶人的城邦，这种制度都属不宜并且不合乎正义；这一人的品德倘使不具有特殊优胜的性质，他就不应该凭一般的长处独擅政权。③

亚氏之所以力主法治而坚决反对人治，其根本的考量立足于城邦

---

① 亚里士多德. 政治学：卷三，章十六 [M]. 205-206. 转引自：西方法律思想史资料选编 [M]. 北京：北京大学出版社，1983：53.
② 亚里士多德. 政治学：卷三，章十六 [M]. 转引自：西方法律思想史资料选编 [M]. 北京：北京大学出版社，1983：53.
③ 亚里士多德. 政治学：章十七 [M]. 吴寿彭，译. 北京：商务印书馆，1965：205-206.

社会的长治久安。他申明:"我们也可以说,一般政体所建立的各种法制,其本旨就在谋求一个城邦的长治久安;大家拥护这些法制,一个政体可得维持于不坠。"① 因此,人治中包含的兽性之必然,使得长治久安处于不安全的危险境地。而且,从根本上说,"遵循这种法治的主张,这里还须辨明,即便有时国政仍须依仗某些人的智力(人治),这总得限制这些人们只能在应用法律上运用其智虑,让这种高级权力成为法律监护官的权力。应该承认邦国必须设置若干职官,必须有人执政,但当大家都具有平等而同样的人格时,要是把全邦的权力寄托于任何一个人,这总是不符合正义的"②。按照亚氏恪守社会正义的一贯思想,法治在维系社会正义方面的作用,更是人治不可比拟的。

### (二)平等的法律以共同的善为依据,系法治根基

德拉古改革时,禁止颁布针对特定人的立法。其理由是"每个人在城邦占有相同的分量,所以也应在法律上居于同样地位"③。梭伦执政时期,曾断然否认平民与贵族拥有相同的地位。④ 伯里克利执政时则发生了改变,尽管他也承认存在因才能而出现的等级秩序。但他最终还是认为,"在涉及法律问题时,所有人在私人争议中处于相同的

---

① 亚里士多德. 政治学:卷五,章九 [M]. 吴寿彭,译. 北京:商务印书馆,1965:316-317.
② 亚里士多德. 政治学:卷三,章十六 [M]. 转引自:西方法律思想史资料选编 [M]. 北京:北京大学出版社,1983:53.
③ Demosthenes 23.86, 24.59. 转引自:约翰·莫里斯·凯利. 西方法律思想简史 [M]. 王笑红,译. 北京:法律出版社,2010:26.
④ 亚里士多德. 雅典政制 [M]. 12.3. 转引自:约翰·莫里斯·凯利. 西方法律思想简史 [M]. 王笑红,译. 北京:法律出版社,2010:26.

法律地位"①。

亚氏一开始也没法不承认奴隶制的自然合理，宣称："非常明显，世上有些人有自由的本性，另一些人则自然地成为奴隶。对于后者，奴役既属有益，而且也是正当的。"② 但随着其对社会正义理性思辨的不断深入，亚氏开启了有城邦实证的公正（正义）与平等的辩证逻辑推理：

> 譬如平民政体的建国观念就认为，凡人们有一方面的平等就应该在各方面全都绝对平等；大家既同样而且平等地生为自由人，就要求一切都归于绝对的平等。相似地，寡头政体的建国观念则认为人们要是在某一方面不平等，就应该在任何方面都不平等；那些在财富方面优裕的人们便认为自己在一切方面都是绝对的优胜。从这些观念出发，平民便以他们所有的平等地位（出身）为依据，进而要求平等地分享一切权利；寡头便以他们所处的不平等地位，进而要求在其他事物方面也必须逾越他人。两者各自坚持其正义，但所坚持的实际上都不是绝对的正义。于是，这两个派别，在同一城邦中，倘若对于所赋予的政治权利不能符合他们的想望时，就各各起而煽动变革。③

---

① Thucydides 2.37. 转引自：约翰·莫里斯·凯利. 西方法律思想简史 [M]. 王笑红, 译. 北京：法律出版社, 2010：26.
② 亚里士多德. 政治学：卷一, 章五 [M]. 转引自：约翰·莫里斯·凯利. 西方法律思想简史 [M]. 王笑红, 译. 北京：法律出版社, 2010：43.
③ 亚里士多德. 政治学：卷五, 章一 [M]. 吴寿彭, 译. 北京：商务印书馆, 1965：271-272.

亚氏看到因为不平等在古希腊城邦社会引起内讧的事实，并进行理性分析，认为：

> 所有这些内讧，都常常以"不平等"为发难的原因——虽然在本来不相等的人们之间，倘若依据比例而做相应的不等待遇，实际上并不能说这是"不平等"——世袭的君主制所以被视为不平等者只因为［那些嗣王并无卓异的才德，于是才］在与之相等的众人之间显见他据有王位为不平等。内讧总是由要求"平等"的愿望这一根苗生长起来的。所谓平等有两类：一类为其数相等，另一类为比值相等。"数量相等"的意义是你所得的相同事物在数目和容量上与他人所得者相等；"比值相等"的意义是根据各人的真价值，按比例分配与之相衡称的事物。①

结合以上分析思辨，亚氏申明，在公正（正义）与平等关系上，"我们的答复是：所谓'公正'，它的真实意义，主要在于'平等'。如果要说'平等的公正'，这就得以城邦整个利益以及全体公民的共同善业为依据"②。

在回到平等与公正（正义）关系自然理性思辨的逻辑轨道后，亚氏进一步论断法律与平等关系："不平等的都是违法的，但违法的并不都是不平等的。"③ 其中的哲理，发人深省。据此，亚氏主张人们解

---

① 亚里士多德. 政治学：卷五，章一［M］. 吴寿彭，译. 北京：商务印书馆，1965：273－274.
② 亚里士多德. 政治学：章十三［M］. 吴寿彭，译. 北京：商务印书馆，1965：185.
③ 亚里士多德. 政治学：章十七［M］. 吴寿彭，译. 北京：商务印书馆，1965：132－133.

决争议纠纷"去找法官也就是去找公正。因为人们认为,法官就是公正的化身"。而在主持公道方面,"法官要的是平等"①。

由此可见,亚氏思想中,已经觉悟到平等与否,是衡量和检验一个社会的试金石,也是社会推行法治有秩序存续发展的根基。不过,比例的平等,亦即由于各人自身能力及其努力的差异形成的占有财富或享有的社会地位的差异,亚氏始终认为是符合自然理性的。这虽然与其平等思想前后演变矛盾,但从没有宗法因素、种姓因素和官僚因素的比例来考量平等,亚氏的平等体现正义(公正)且系法治根基的思辨,已经蕴含相当的文明进步基因。这也是其平等思想能够直接为基督教传承,并在人类西方社会三 R 运动乃至以后文明启蒙时,为后人承继并发扬光大的主要原因。

(三)法律与契约一样,必须践诺和恪守,否则就是不正当

法律一经形成和固定,落实就成为其存续与否的关键。梭伦改革时立法,要求九执政官宣誓,若违反法律,将罚奉献一黄金人像。②至苏格拉底,认为法律本意是伸张正义和遏制不正义。其理论如下:

> 所以人们在彼此交往中既尝过不正义的甜头,又尝到过遭受不正义的苦头。两种味道都尝到之后,那些专尝甜头不吃苦头的人,觉得最好大家成立契约:既不要得不正义之慧,也不要吃不正义之亏。打这时候起,他们中间才开始订法律立契约。他们把

---

① 亚里士多德. 政治学: 章十七 [M]. 吴寿彭, 译. 北京: 商务印书馆, 1965: 138.
② 亚里士多德. 雅典政制 [M]. 北京: 商务印使馆, 1959: 9-10.

守法践约的叫合法的、正义的。这就是正义的本质和起源。正义的本质就是最好的和最坏的折中——所谓最好，就是干了坏事而不受罚；所谓最坏，就是受了罪而没法报复。①

在上面的思辨中，苏氏已看到法律形成的类契约的本质规定性，并将已成法律的遵守提到履行契约的一般高度加以概括。他进一步分析道：人们既然"已经领受了我们的正义和治理，已经在事实上同意接受我们的约束；不守法的公民在三重意义上是不正当的：他伤害了作为他的父母、教育者的我们（法律），也违背了他要遵守法律的契约（他没能指出我们是错的）"。②

特别要指出的是，苏氏关于法律成型及固定与契约性质相同从而必须像履约践诺那样遵守法律的思辨，并非伦理的考量，而是科学理性的升华。而其恪守法律就是践诺、履约的推理，进一步推导出推行法治的实质就是遏止欺诈的论断。他强调："谎言乃是一种谁在自身最重要的部分——在最重要的利害关系上——都最不愿意接受的东西，是不论谁都最害怕它存在在那里的。"而在人类社会交往中，"上当受骗，对真相一无所知，在自己心灵一直保留着假象——这是任何人最不愿意最深恶痛绝的"③。所以，苏格拉底拒绝越狱逃生，坚决认为这样做违背了法律本身具有的契约精神，是"以你的欺骗行径，败

---

① 柏拉图. 理想国 [M]. 358e–359e. 转引自：约翰·莫里斯·凯利. 西方法律思想简史 [M]. 王笑红, 译. 北京：法律出版社, 2010: 14.
② 转引自：约翰·莫里斯·凯利. 西方法律思想简史 [M]. 王笑红, 译. 北京：法律出版社, 2010: 14.
③ 柏拉图. 理想国 [M]. 郭斌和, 张竹明, 译. 北京：商务印书馆, 2003: 79. 在此柏拉图引埃斯库洛斯的残诗350"不欺不诈，信以为真"，说明人类抵制和反对谎言欺诈的悠久渊源。

坏了法律和整个城邦"①。这就是苏氏以死践诺、誓死捍卫法治的最根本原因。其中不仅仅彰显其视践诺高于生命的道德情操之高尚，更为深邃的意义在于，其不惜以生命为代价也要恪守和捍卫法治的言行唤起人类良知的睿智光辉，德泽全人类。

（四）法制修改须慎重，其稳定性权威的捍卫凸显法治精神

古希腊进入城邦发展之前，意大利半岛边缘多里安洛克里斯人最早制定成文法典。当时为维系既定成文法稳定性权威，规定任何提议修改法律的人，必须承担严肃的风险，即在正式提交修改法律的动议之前，自己先要被套上绳索，一旦其修改意见被否决，这根系在其脖子上的绳索就会被收紧。

雅典城邦形成以后，也非常重视对既定法律制度更改的严肃性。其立法程序虽没有洛克里斯人严酷，但规定任何企图提出新法案的人，首先要提起对相关旧法律的诉讼。如果忽略这一程序规定，或其修法动议被认为违背当时基本价值，其就会因"违反法律的法律诉讼"承担"违宪行为"而遭指控的风险。②

对于修改和变更法律，柏拉图的理性考量以为："法律所以能见成效，全靠民众的服从，而遵守法律的习性须经长期的培养，如果轻易地对这种或那种法制常常做这样或那样的废改，民众守法的习性必

---

① 转引自：约翰·莫里斯·凯利：西方法律思想简史［M］．王笑红，译．北京：法律出版社，2010：14．
② 转引自：约翰·莫里斯·凯利．西方法律思想简史［M］．王笑红，译．北京：法律出版社，2010：9-10．

然消减，而法律的威信也就跟着削弱了。"①

由以上内容可以清楚地看到，慎重地修改法律，在古希腊已经形成以下观念：

第一，既有法律一般来自已经检验的能有效维持社会存续运转秩序的成果。

第二，修法就意味着改变既有的社会运行秩序。

第三，为维持既有的有效的社会秩序，必须慎重，并设置严格的程序。

第四，轻易废改法律，是对法律尊严和权威的削弱。

第五，修法的提起人需对修法动议承担相应的风险。

需要注意的是，以上观念只是在既有法律均不是恶法的前提下进行的思辨。而对于废除恶法，是否受以上慎重程序的约束，整个古希腊存续时期，尚未见理性思辨。但结合下文提及的法治双重含义中必须是良法而非恶法的定义，对恶法的废除或修改，应不受上述程序的约束。不过，从良法才能承载善和正义的古希腊思想考量，废除恶法的言行，不仅不损害法治的权威，反而应当归于树立和捍卫法律及法治权威之列。当然，即使这样，修法走程序并无例外。所以，修法应当承担被否定风险，也没有例外。

（五）贤良为政和健全的机制才能促使法治良好运行

虽然在人治和法治孰优孰劣的评判上，三杰都认为法治优于人

---

① 亚里士多德. 尼各马可伦理学：卷二，章八 [M]. 廖申白, 译. 北京：商务印使馆，2003：106.

治。但这并不等于实行法治就可以忽视人的作用,也不等于重视人的作用就不需要恪守法治。对此,柏拉图有以下思辨:

> 人们认为政府要是不由最好的公民负责而由较贫穷的阶级作主,那就不会导致法治;相反地,如果既是贤良为政,那就不会乱法。我们应该注意到邦国虽有良法,要是人民不能全都遵循,仍然不能实现法治。法治应包含两重意义:已成立的法律获得普遍的服从,而大家所服从的法律又应该本身是制定得良好的法律。人民可以服从良法也可以服从恶法。就服从良法而言,还得分别为两类:或乐于服从最好而又可能订立的法律,或宁愿服从绝对良好的法律。①

由上述分析可以看到,其一,柏氏认为贫穷的人②为政,不能推行法治,而贤良为政,有利于法治推行。其二,城邦人民普遍地全都遵循良法,是实行法治的基本要求。其三,法治具有大家普遍遵守既定法律和大家遵守的法律应是良法双重含义。其四,虽然人民可以服从良法也可以服从恶法,但良法是社会最佳选择,恶法则相反。其五,人们即使选择服从良法,也有两类情况:一是乐于服从最好而又可能实施的法律,另一是宁愿服从绝对良好的法律。

那么,对于人和机制在法治方式下如何有机地发挥作用,柏氏提出了政体三要素理论:

---

① 亚里士多德.政治学:卷四,章八 [M].吴寿彭,译.北京:商务印书馆,1965:235.
② 愚以为,柏拉图此处提到贫穷的人,实指素养低下的人。

一切政体都有三个要素，作为构成的基础，一个优良的立法家在创制时必须考虑到每一要素，怎样才能适合于其所构成的政体。倘使三个要素（部分）都有良好的组织，整个政体也将是一个健全的机构。各要素的组织如不相同，则由此合成的政体也不相同。三者之一为有关城邦一般公务的议事机能（部分）；其二为行政机能部分——行政机能有哪些职司，所主管的是哪些事，以及他们怎样选任，这些问题都须一一论及；其三为审判（司法）机能。①

柏氏以上理论，将政体分为立法、行政和司法三要素，并对三要素各自的分工有了理想化的思辨。这是人类最早的分权思想。虽然其考量尚不系统深入，但其中闪烁的睿智之光，对后世分权制衡以及政体运行机制合理构建的启迪，功德无量。

（六）法治必须监护，官吏守法是国家之福

柏氏认为，影响人类社会文明存续之恶的大小，"在我看来，失手杀人其罪尚小，混淆美丑、善恶、正义与不正义，欺世惑众，其罪大矣"。② 而要防止"混淆美丑、善恶、正义与不正义，欺世惑众"之类的大恶，首先必须有常设的"城邦宪法的监护人"。③ 并且，其监护要真正发挥实质性作用。"如果作为法律和国家保卫者的那种人不

---

① 亚里士多德. 政治学：章十四［M］. 吴寿彭, 译. 北京：商务印书馆, 1965：252.
② 柏拉图. 理想国［M］. 郭斌和, 张竹明, 译. 北京：商务印书馆, 2003：179.
③ 柏拉图. 理想国［M］. 郭斌和, 张竹明, 译. 北京：商务印书馆, 2003：123-131.

成其为护卫者了，或仅仅似乎是护卫者，那么你可以看到他们将使整个国家毁灭。反之，只要护卫者成其为护卫者就能使国家有良好的秩序和幸福。"①

至于如何切实监护城邦宪法实施，柏氏的理想设计是：

第一，"我们认为一个国家的法律如果在官吏之上，而这些官吏服从法律，这个国家就会获得诸神的保佑和赐福"②。也就是说，一个国家，法律具有至高无上的地位和权威，官吏的地位在法律之下。官吏服从法律，合乎诸神（客观规律的代理）的意志，就不会出现被惩罚的情况。

第二，"法律应在任何方面受到尊重而保持无上的权威。执政人员和公民团体只应在法律（通则）所不及的'个别'事例上有所抉择，两者都不该侵犯法律"③。这里特别提及执政人员和公民团体，分别指向官吏和政治组织。而不管是官吏还是政治组织，一方面应无条件地尊重法律的权威，另一方面可以在法律所未规定的特殊事例上自由裁量自己的遵守或执行法律之行为。两者都不该做出逾越法律甚至侵犯法律（违反法律）的言行。

柏氏上述监护法治实施和规范官吏及政治组织守法的理想思辨，为其学生亚里士多德承继发扬。在《雅典政制》中，亚氏强调，如果

---

① 柏拉图. 理想国 [M]. 郭斌和，张竹明，译. 北京：商务印书馆，2003：134.
② 柏拉图：法律篇 [M]. 715. 转引自：西方法律思想史资料选编 [M]. 北京：北京大学出版社，1983：25.
③ 亚里士多德. 政治学：卷四，章四 [M]. 转引自：西方法律思想史资料选编 [M]. 北京：北京大学出版社，1983：55.

某个官员没有遵守法律，任何公民个人都可以起诉他。① 这是对监护法治实施思想最好的补充和完善。

（七）法治实施须以公民教育促进

为维系古希腊城邦民主政体，亚氏在法治构建与实施诸多方面予以理性思辨的同时，对提高公民教育予以极大关注。其理论是：

> 在我们所曾讲到的保全政体诸方法中，最重大的一端还是按照政体（宪法）的精神实施公民教育——这一端也正是被当代各邦所普遍忽视的。即使是完善的法制，而且为全体公民所赞同，要是公民们的情操尚未经习俗和教化陶冶而符合政体的基本精神（宗旨）——要是城邦订立了平民法制，而公民却缺乏平民情绪，或城邦订立了寡头法制而公民却缺乏寡头情绪——这终究是不行的。②

亚氏之所以将公民教育作为保全政体最重要举措考量，就是希望法治最大限度地获得民众的理解与支持。对于公众参与并支持民主法治的重要性，亚氏通过实证体验，进行了以下思辨：

> 在极端平民政体中，处处高举着平民的旗帜，而那里所行使

---

① 亚里士多德. 雅典政制 [M]. (Athenian Constitution) 16.8, 55.5. 转引自：约翰·莫里斯·凯利. 西方法律思想简史 [M]. 王笑红，译. 北京：法律出版社，2010：22.
② 亚里士多德. 政治学：卷五，章九 [M]. 吴寿彭，译. 北京：商务印书馆，1965：319.

的政策实际上恰正违反了平民的真正利益。这种偏差的由来在于误解了自由的真正意义。大家认为平民政体具有两个特别的观念：其一为"主权属于多数"，另一为"个人自由"。平民主义者先假定了正义（公道）在于"平等"；进而又认为平等就是至高无上的民意；最后则说"自由和平等"就是"人人各行其意愿"。在这种极端形式的平民政体中，各自放纵于随心所欲的生活，结果正如欧里庇特所谓"人人都各如其妄想"［而实际上成为一个混乱的城邦］。这种自由观念是卑劣的。公民们都应遵守一邦所定的生活规则，让各人的行为有所约束，法律不应该被看作［和自由相对的］奴役，法律毋宁是拯救。①

对欧里庇特揭露当时古希腊城邦民主制时期打着民主旗号行反民主之事，亚氏认为，根本原因正是人们并不真正理解民主和法治的真意。同样，在自由和平等的口号倡导下，人人以为可以随心所欲，结果却造成社会混乱。所以，亚氏认为，公民放纵于随心所欲的生活的观念，"是卑劣的"。因此，亚氏认为，公民以为遵守法律是受奴役的观念，必须得到纠正。只有通过教育公民，使之明白法律不仅不是对自己的奴役，反而是对自己的拯救的道理，自觉地遵守法律，维护法律的权威，民主法治才有可能最大限度地得到有效实施。

---

① 亚里士多德. 政治学：卷五，章九［M］. 吴寿彭，译. 北京：商务印书馆，1965：319-320.

## 第三节 古希腊法治观评析

西方哲学史伯特兰·罗素教授（Bertrand Russell，1872—1970）在多年专门研究古希腊史以后，意味深长地说："在全部历史上，最使人感到惊异或难于解说的莫过于希腊文明的突然兴起了。构成文明的大部分东西已经在埃及和美索不达米亚存在了好几千年，又从那里传播到四邻的国家。但是其中却始终缺少着某种因素，直等到希腊人才把它们提供出来。"①

与其他内陆自然农耕文明不同的是，从克里特到亚得里亚海诸岛，再到那不勒斯以南，人们的生产生活都不可能自给自足而长期闭关锁国。即使建筑各式各样的城堡以统辖各式各样的城邦，生产生活必需物质的频繁交流及其争夺，始终主导着这一地区的人们的言行。历经基于利益的简单粗暴争夺的曲折经验总结与教训之吸取，促使人们最终觉悟到只有相辅相成才能存续发展的道理。古希腊人遂开始从诸神英雄时代，迈向更为智慧的文明时代。

荷马时代以后，人们对各种神的精神和思想桎梏，产生了极大怀疑。类似古埃及、古巴比伦、古印度和古代中国当时将神或类神不断主观化人格化的进程，在古希腊社会文明遭到阻截。人们开始转向对

---

① 罗素. 西方哲学史（上卷）[M]. 何兆武，李约瑟，译. 北京：商务印书馆，2002：24.

客观真理的追寻和遵循。

文明之光在古希腊显现的直接结果,是人们对外部世界及内部社会的认识,出现了抑制非理性冲动的审慎。而"文明人之所以与野蛮人不同,主要在于审慎,或者用一个稍微更广义的名词,即深谋远虑"。这种深谋远虑,已非一时的急功近利的冲动,而是追求长治久安的深谋远虑。进一步,古希腊人意识到,"我们之抑制冲动不仅是深谋远虑(那是一种加于自我的抑制),而且还通过法律、习惯与宗教"。也就是说,遏止冲动的审慎也好,深谋远虑也好,自我抑制也好,最后都要转化为能够规范全社会成员言行的一种有序的运行秩序。

以智者为代表,开启了各种思辨争论甚至诡辩。当论域集中关注到"人是万物的尺度,是存在的事物存在的尺度,也是不存在的事物不存在的尺度"①的时候,各色各类的神逐渐褪色,人们对事物的观察评判,通过城邦各项改革及其思辨,走向理性。

作为古希腊智识阶层,智者"他们有教育,有闲暇,游历把他们的传统偏见的棱角给磨掉了,他们消耗于辩论的时间又磨炼了他们的机智"。在当时古希腊社会,各种争议、争端之处置和解决,"十分自然地,胜败大部分要取决于演说时能打动群众偏见的那种技巧"。于是,智者群体帮助有利益诉求正义的人参与到争议甚至诉讼中,发挥着类似近现代"公司法律顾问阶级"的作用。"智者们就被公认是教给人以这种技术的。"②

---

① 罗素. 西方哲学史(上卷)[M]. 何兆武,李约瑟,译. 北京:商务印书馆,2002:111.
② 罗素. 西方哲学史(上卷)[M]. 何兆武,李约瑟,译. 北京:商务印书馆,2002:109.

通过不断展开的各种各样的辩论甚至诡辩，追求真理始终是智者群体的努力目标。而"追求真理如其是全心全意，就必须撇开道德方面考虑"。其结果，"智者们总是追随着论证，走到论证所引出的结论上去。而这往往就把他们带到了怀疑主义"①。

怀疑主义流行的结果，是趋向理性。理性思辨一旦占上风，全社会开始不断清醒。这使得古希腊各城邦"在思想领域内，清醒的文明大体上与科学是同义语"②。古希腊从智者到三杰，正是在自然理性基础上，深入展开了对公共权力结构、政治政体、政治德性及其正当性、社会公平（正义）和秩序的维系等，深入系统和逻辑地思辨。

古希腊智者及其以后，追求并捍卫正义（公正），引领社会不断强化正义（公正）观念。"这种正义的观念——不能逾越永恒固定界限的观念——是一种最深刻的希腊信仰。神祇正像人一样，也要服从正义。"③

坚持追求和捍卫正义观念的强化与固定，不仅仅局限于德性和伦理的分析，而且更加深入地引导社会围绕分配正义和矫正正义、形式正义与实质正义、正义与平等、习惯法之正义与成文法之正义乃至法律上的正义与公道上的正义等方面展开思辨。这就为全方位实现社会正义的法治观的出现及其发展演变，奠定了坚实的基础。

在古希腊，法律没有被当作人尤其是统治者实施治国理政和社会

---

① 罗素. 西方哲学史（上卷）[M]. 何兆武，李约瑟，译. 北京：商务印书馆，2002：113.
② 罗素. 西方哲学史（上卷）[M]. 何兆武，李约瑟，译. 北京：商务印书馆，2002：40-41.
③ 罗素. 西方哲学史（上卷）[M]. 何兆武，李约瑟，译. 北京：商务印书馆，2002：53.

调控的工具，而是被定义为"不受任何感情因素影响的理性"①。法律的本质规定性被理性地归结为与正义（公正）密不可分的中道的权衡，"要使事物合于正义，须有毫不偏私的权衡，法律恰恰是这样一个中道的权衡"②。于是，自然的推理是"法律是最优良的统治者，法律能尽其本旨做出最适当的判决"③。这样，无论是形式逻辑还是实质逻辑，法治优于人治（特别是一人之治）势所必然。在国家秩序和社会中，"法律应在任何方面受到尊重而保持无上的权威。执政人员和公民团体只应在法律（通则）所不及的'个别'事例上有所抉择，两者都不该侵犯法律"④。

由上足见，古希腊社会先贤先哲法治观，从法律的本质规定性出发，对法律的契约属性、法律的道德属性、法治优于人治的属性、法治需要贤良担当和全体恪守的属性、法治必须监护的属性、法治维系需要公民素养保障支撑的属性等方面，都有理性思辨。其中的精华，至今德泽全人类。

毋庸否认，古希腊法治观也同古希腊哲学一样，具有历史局限性。其主要表现在，"随着苏格拉底而出现了对伦理的强调；随着柏拉图又出现了否定感性世界而偏重那个自我创造出来的纯粹思维的世界；随着亚里士多德又出现了对于目的的信仰，把目的当作科学中的基本观念。尽管有柏拉图与亚里士多德的天才，但他们的思想却有着结果

---

① 亚里士多德. 政治学［M］. 吴寿彭，译. 北京：商务印书馆，1965：199.
② 亚里士多德. 政治学［M］. 吴寿彭，译. 北京：商务印书馆，1965：169.
③ 亚里士多德. 政治学［M］. 吴寿彭，译. 北京：商务印书馆，1965：171.
④ 亚里士多德. 政治学：卷四，章四［M］. 转引自：西方法律思想史资料选编［M］. 北京：北京大学出版社，1983：55.

证明了是危害无穷的缺点"①。这种危害无穷的缺点，在古希腊法治观念上，一方面是突出伦理而忽略了法治的实证逻辑，其结果是导致口号式单纯精神满足。这就会出现古希腊所谓的民主制，并没有触动使富人无须压迫自由公民便能享有他们的财富的那个奴隶制度。②另一方面则陷于先假设结论而后填充论据的伦理自证怪圈，其结果是法治的社会实证、实践、实验和实用的思辨缺失或不足。其中仍然也含有不相信客观的成分。而"不相信有客观的真理，就使得大多数人在实际的目的方面成为自己应该相信什么是裁判者"③。当然，这是人类社会的通病。最易病者，就是为政者、当政者，或掌握话语权者。最易使这种病滥觞于世者，独裁专制体制也。

不得不说的是，从现有真实可信的史料中，最为体现古希腊法治观精神的，当属苏格拉底对法治的顿悟。这是他临死之前迸发出的对后世的警示。

苏格拉底面对死亡危险，在《申辩书》④ 中坚定地申明："怕死并不就是智慧。"他郑重地呼吁："雅典人啊！我尊敬你们、爱你们，但是我将要服从神而不是你们；而且只要我还有生命和力量，我就决

---

① 罗素. 西方哲学史（上卷）[M]. 何兆武，李约瑟，译. 北京：商务印书馆，2002：107. 参见其关于"柏拉图总是热心宣传足以使人们能变成他所认为是有德的样子的那些见解；但是他在思想上几乎从来都是不诚实的，因为柏拉图让自己以社会的后果来判断各种学说"。"柏拉图以后，一切哲学家的共同缺点之一，就是他们对于伦理学的研究都是从他们已经知道要达到什么结论的那种假设上面出发的"。同 123.
② 罗素. 西方哲学史（上卷）[M]. 何兆武，李约瑟，译. 北京：商务印书馆，2002：108.
③ 罗素. 西方哲学史（上卷）[M]. 何兆武，李约瑟，译. 北京：商务印书馆，2002：112.
④ 柏拉图. 苏格拉底的申辩 [M]. 吴飞，译/疏. 北京：华夏出版社，2007.

不停止实践哲学与教导哲学,并劝勉我所遇到的每一个人。——因为我知道这是神的命令;而且我相信,在这个国家里从来没有出现过比我对神的服役更好的事了。"苏氏在这里提到的神,并非主观人格化的神,而是泛指客观的不以人的意志为转移的客观存在。①

苏氏强调并警示:"不正义地剥夺别人生命的这种罪过——乃是要大得多的罪过。""你们用杀人的办法就能防止别人谴责你们的罪恶生活,那你们就错了;那是一种既不可能而又不名誉的逃避办法,最容易最高贵的办法并不是不让别人说话,而是要改变你们自己。"②

结合苏氏恪守法律若履行契约而视死如归的法治言行,其中舍生取义的精神,才真正展现人类社会走向法治并捍卫法治的最核心最关键的睿智光辉。

---

① 罗素.西方哲学史(上卷) [M].何兆武,李约瑟,译.北京:商务印书馆,2002:123.
② 罗素.西方哲学史(上卷) [M].何兆武,李约瑟,译.北京:商务印书馆,2002:123. 参见http://www.douban.com/group/topic/1975334/.

第二章

# 古罗马法治观

　　古罗马的历史记载虽最早可溯源至公元前8世纪,然由于地缘接近,王政时期,古罗马仿古希腊实行城邦制。古希腊灭亡以后,其思想成果早已渗透到当时周边国家,史称希腊化。亚历山大直接受亚里士多德思想影响,统帅马其顿王国展开其扩张统治。古罗马紧随其后,最初的英雄们在扩张、殖民和社会统治方面,都以苏格拉底视死如归的法治精神为标榜。随着版图的扩张,共和国时期及以后的帝国时期,古罗马人承继古希腊柏拉图、亚里士多德关于社会秩序、社会调控等法治观念。一方面不断展开思辨,融入新的内容;另一方面,罗马法学家亦围绕各类具体的法律规范,进行最一般法治的抽象解释。

## 第一节 法律是客观自然理性认知的必然结果

### 一、法、法律的自然契约思辨

古罗马早期，已形成"习俗先于一切法律，自然胜过一切"① 的观念。到古罗马全面兴盛之际，法、法律的自然属性被社会主流普遍承认。西塞罗总结道："法（jus）的始端应导源于法律（lex），因为法律乃是自然之力量，是明理之士的智慧和理性，是合法和不合法的尺度。"② 这里西塞罗所指的法、法律，在当时古罗马智识最一般的观念中具有典型性。而人类社会存续为何需要法？法、法律如何出现或产生？西塞罗做了这样的解释："法是正义与非正义事物之间的界限，是自然与一切最原始的和最古老的事物之间达成的一种契约；它们与自然的标准相符并构成了对邪恶予以惩罚，对善良予以捍卫和保护的那些人类法。"③

从自然的契约观点出发，西塞罗对法律的价值、作用精辟地理解为："法律是根据最古老的、一切事物的始源自然表述的对正义和非

---

① 见古罗马诗人奥索尼乌斯诗句。
② 西塞罗. 论共和国·论法律 [M]. 王焕生, 译. 北京：中国政法大学出版社, 1997：190.
③ 西塞罗. 法律篇 [M]. 引自：西方法律思想史资料选编 [M]. 北京：北京大学出版社, 1983：76.

正义的区分，人类法律受自然法指导，惩罚邪恶者，保障和维护高尚者。"①

作为有过执政实践经验的哲学家，西塞罗基于自然契约的法、法律本质及其价值的认识，在古罗马智识界具有相当进步的意义。这不仅有助于人们在强权政治时代摆脱统治者意志即法的思想及精神束缚，也有利于当时古罗马不断扩张带来的多民族文化冲突的矛盾缓解。更进步的价值在于，坚持以自然契约来看待法、法律，有助于识别或区分实际运行的法、法律的性质和价值。也就是说，是否符合自然的正义，可为人们判断鉴别实际运行的法、法律的好坏，以及采取相应的存废举措，提供非主观臆断的方法及标准。

## 二、违反自然理性的非正义法、法律不具有永恒性

随着罗马的征服不断成功，对罗马乃至殖民地的社会控制就愈益成为罗马共和国直至罗马帝国无法回避的日常问题。例如，当时"兵士们不只是要金钱和掠夺，而且还要恩赐的土地。因此每一次内战的结束都是正式地以法令来废除许多原来在名义上是国家佃户的土地所有者，以便为胜利者的军人让位"②。这就急需制定国家法律加以实际有效的规范。然而，如何制定或废除法、法律？执政者可否随心所欲地颁行或废止法律、法令？对于不符合正义的法、法律是否需要实际

---

① 西塞罗. 论共和国·论法律 [M]. 王焕生，译. 北京：中国政法大学出版社，1997：219-220.
② 罗素. 西方哲学史（上卷）[M]. 何兆武，李约瑟，译. 北京：商务印书馆，2002：344.

执行？凡此等等，都需要思辨厘清。

针对当时社会上普遍的习惯法、制定法性质认知的流行误解，西塞罗发表了以下见解：

> 但是，最愚蠢的看法乃是竟然相信凡是按照民族的风俗和法律所做的事情都是正当的。难道连攒主颁布的法律也是正确的吗？如果众所周知的三十人团想在雅典颁布一套法律，或者雅典人全都为这些攒主的法律拍手称赞的话，难道承认这些法权是正当的吗？罗马的一个攒主曾经提出一项建议，大意是一个独裁者可以不受惩罚地随心所欲地，甚至不经审判，可以处置任何公民。依照我的观点，不应当再把这种法律认为是正当的。因为正义只有一个，它约束整个人类社会，并且是建立在一个应用于支配和禁止的正当的理性的法的基础之上的。所以无论人们是否了解那个法，无论何地曾用书面形式记载于否，它都是正义的。①

显然，对于过去一贯的所谓按照民族习俗和民族法律的法制就是正当性的定义，西塞罗持高度的怀疑。特别是对攒主体制下颁行的法律的正当性，他更是予以坚决的否定和批判。其论据有四。

第一，不管攒主体制如何立法，也不管其立法是否经过充分的民众参与程序或形式，其法制的正当性都不能必然地承认。

第二，凡是独裁者颁行的涉及其权力行使随心所欲的不受监督、

---

① 西塞罗. 法律篇 [M]. 引自：西方法律思想史资料选编 [M]. 北京：北京大学出版社，1983：71-72.

制约和惩罚的法律，都不具正当性。

第三，不经审判就可以处置任何公民的法权，违背人类社会正义，不能视为正当。

第四，人类社会正义的理解不能主观臆断，也不能随意假借。只有建立在尊重客观规律的理性认知基础上的法，才具有唯一的评判标准，"无论人们是否了解那个法，无论何地曾用书面形式记载与否，它都是正义的"。

以是否合乎自然正义作理性评判标准及评判原则，是西塞罗考量所有统治者制定颁行法律的思辨基础。① 由此逻辑出发，"自然十分清楚，当把原来的民族惯例用文字写出来并予以实施，人们就称之为'法'。从这个观点出发，就会欣然理解为各国制定了坏的和非正义的成文法的人是违背诺言和契约，他们所实施的东西也就根本不是'法'"②。

基于是否符合自然正义和是否遵循合乎自然正义的契约精神，西塞罗做出了"凡是正当的和真正的法律都是永恒的，而且不与成文法相始终"的推论。任何统治者，不管如何利用法权立法、执法和司法，都不能简单地视作正当或不正当。只有符合自然正义和遵循合乎自然正义的契约精神的法、法律，才能称得上正当，而违反自然理性的非正义法、法律不具有永恒性。

---

① 罗素. 西方哲学史（上卷）[M]. 何兆武，李约瑟，译. 北京：商务印书馆，2002：344.
② 西塞罗. 法律篇 [M]. 引自：西方法律思想史资料选编 [M]. 北京：北京大学出版社，1983：77.

## 三、对法、法律正当性的鉴别不能以功利（主义）做标准

通过对古罗马法制经验教训的总结，西塞罗注意到"人首先把功利和正义分割开了，他（苏格拉底）抱怨由于这种分割，成了一切伤害的根源"[①]。针对当时流行的以功利作为评判法、法律正当与否的理论，西塞罗进行了以下思辨：

> 然而，如果正义与成文法和民族习惯互相一致，并且根据同一民族的要求，每件事物都以功利作为检验的标准，于是认为正义会对他的意志有利的任何一个人，而且他是有力量的话，就会漠视和违反法律。如果正义不存在于自然之中，而且那种建立在功利基础上的形式能被极端的功利本身所推翻的话，随之正义就根本不存在了。如果不把自然看作正义的基础，那将意味着人类社会所依赖的美德的毁灭。[②]

以上思辨中，西塞罗对所谓功利法律观持质疑和批判态度。其一，法、法律的存续及制定颁行，如果"都以功利作为检验的标准"评判，并由此发展下去，其结果是"漠视和违反法律"。其二，"在功利基础上的形式能被极端的功利本身所推翻"的任何制定颁行法、法

---

① 西塞罗.法律篇［M］.引自：西方法律思想史资料选编［M］.北京：北京大学出版社，1983：68.
② 西塞罗.法律篇［M］.引自：西方法律思想史资料选编［M］.北京：北京大学出版社，1983：71-72.

律，毁灭的是社会正义。其三，"如果不把自然看作正义的基础，那将意味着人类社会所依赖的美德的毁灭"。

对于功利法律论者所持以结果评判和鉴别法、法律正义与否的理论，西塞罗发出这样的诘问："倘若一个法律能够从非正义产生正义，那么恶中能不能产生善呢？"① 按照其逻辑，如果恶中不能产生善，那非正义能够产生正义的理论推理显然就是诡辩。

显然，西塞罗意识到这也涉及目的和手段的辩证关系。所以他申明："清楚地摆在我们眼前的结论是：正义和一切荣誉的事情，它们本身就是人们追求的目的。一切善良的人的确热爱公平本身和正义本身。"② 在人类社会鉴别和评判法、法律正当性的问题上，以功利主义作标准的言行，危害性之大，是西塞罗最为担心和警惕的。正是为了防止功利主义法律观对正义的毁坏或颠覆，西塞罗反对以功利主义做评判和鉴别法、法律正当性的标准或根据。

## 第二节 法就是最高的理性，正当的理性就是法

人类社会制定颁行法、法律须遵循和回归理性，在古罗马时期以西塞罗为代表的智识阶层，已成为思辨的核心主题，受到最高的关注。

---

① 西塞罗. 法律篇 [M]. 引自：西方法律思想史资料选编 [M]. 北京：北京大学出版社，1983：72.
② 西塞罗. 法律篇 [M]. 引自：西方法律思想史资料选编 [M]. 北京：北京大学出版社，1983：74.

"因为理性的存在,起源于宇宙的天性。"①

**一、理性是人类智慧的结晶,使人类超越禽兽,法体现最高的理性**

受古希腊哲学的影响,古罗马社会流行对人类智慧的认知与追求。诚如哲学家塞内加所说,"要想让一切都服从你,你就必须首先服从理智"。理智的最高表现就是理性,而"理性,只有它充分发展和尽善尽美的时候,才能真正称作为智慧"②。

那么,理性从何而来?理性具有何等价值?古罗马学者认为,理性是人类社会存续发展由野蛮趋利避害不断走向文明的规律性认知结果。理性不仅包括理论和思想,更重要的是,理性是人类通过实践检验的智识总结,"并且,真正的理性,唯独真正的理性,才能使我们超越禽兽的水平,才能使我们进行推理、证明与反证、讨论与解决,直至获得结论"③。

正是由于理性必须体现为人类行为、行动,并发挥引领、规范人类社会壮大发展的作用,因而理性所引领、规范人们行为的结晶,就必然积淀为具体有机的行为规范及其运行机制。"法就是最高的理性,并且它固植于支配应该做的行为和禁止不应该做的行为的自然之中。当这种最高的理性,在人类的理智中稳固地确定和充分地发展了的时

---

① 西塞罗. 法律篇 [M]. 引自:西方法律思想史资料选编 [M]. 北京:北京大学出版社,1983:76.
② 西塞罗. 法律篇 [M]. 引自:西方法律思想史资料选编 [M]. 北京:北京大学出版社,1983:64.
③ 西塞罗. 法律篇 [M]. 引自:西方法律思想史资料选编 [M]. 北京:北京大学出版社,1983:66.

候，就是法。所以，他们认定法就是理智，支配正当行为和禁止错误行为就是法的自然的职能。"①

## 二、法律是聪明人的智慧和理性，正当的理性就是法

古罗马思想家西塞罗认为，理性有三种形态：一为人的理性，二为神的理性，三为宇宙之自然理性。这三种形态表现各异但互有交汇或重叠。

既然人们已经觉悟到理性具有引领、规范人们行为，支配正当行为和禁止错误行为，进而促使人类社会趋利避害的功能，那人们就不能无视甚至亵渎理性，而必须崇敬和捍卫理性。一方面，从自然定律的客观性，可加深理性的认知：

> 自然定律（law）是最高的理性，它命令所应为，禁止所不应为。这种理性在人类心智中的凝化和充分发展就体现为法律（law）。他们（最博学之人）相信法律是可以理解的；它的自然功能就是召唤正确行为、禁止错误行径——正义的源头在于法律，因为法律是自然的力量；法律是聪明人的智慧和理性，是衡量正义和不正义的尺度——欲判断正义为何物，我们应首先诉诸最高的法，它的起源远在任何成文法和城邦以前。②

---

① 西塞罗. 法律篇［M］. 引自：西方法律思想史资料选编［M］. 北京：北京大学出版社，1983：64.
② 西塞罗. 法律篇［M］. 1.6.18－19. 转引自：约翰·莫里斯·凯利. 西方法律思想简史［M］. 王笑红，译. 北京：法律出版社，2010：50－51.

从自然定律高度加以理解,"恰恰如此,因为神的理性就是至高无上的法,所以人本身完美的理性也就是法,但是这种完美的理性存在于聪明人的理智之中。然而,那些指导国家的可变的和暂时的人定的法规,也具有法律效力,这不是因为它们是真正的法律,而是由于一种特权"①。在这里,西塞罗所谓的"神的理性"具有不以人的意志为转移的客观性。只有人的聪明才智上升到完美的程度,才能与神的理性相媲美,才能上升为至高无上的法。

另一方面,对于理性的理解和觉悟,还不能局限于人的理性和神的理性来理解。西塞罗认为:

> 因为存在着来自宇宙之自然的理性,它敦促人们趋近正确行为而远离错误勾当,这一理性并不是在写入成文法之时成为法律的,而是一出现就被称为法律;它与神的智慧同在。因此,设立要求和禁令的真正的、原初的法律是神的正确理性。②

可见,理性认知中,更为客观的宇宙之自然理性,亦即西塞罗所谓的"神的智慧"。

必须着重指出,西塞罗突出分析三种理性,都特别强调其正当性。不管是宇宙之自然理性,神的智慧的理性,还是人的智慧的理性,都具有引领且规范人们行为正当走向的核心价值。人类社会之所以出现

---

① 西塞罗. 法律篇 [M]. 1.6.18-19. 转引自:约翰·莫里斯·凯利. 西方法律思想简史 [M]. 王笑红,译. 北京:法律出版社,2010:50-51.
② 西塞罗. 法律篇 [M]. 1.6.18-19. 转引自:约翰·莫里斯·凯利. 西方法律思想简史 [M]. 王笑红,译. 北京:法律出版社,2010:51.

法、法律,"毫无疑问,法律当然是为了平民的安全,维护国家和人类生活的安宁和幸福而创造的"①。如果法律的社会历史作用相反,那就不能视作正当的理性。正"因为正当的理性就是法,所以我们必然认为人与上帝共同具有法。共享法的人也必然共享正义。因此,就应该把共享法和正义的人们看作同一国家的成员"②。由此正当理性指引,古罗马在不断地征服、扩张和殖民统治时期,也开始了万民法与市民法调和趋同的历程。

## 三、真正的法是与自然契合的正确理性

在整个古罗马时期,对于法、法律的正当性最具代表性的理论,见诸于西塞罗以下思辨:

> 真正的法是与自然契合的正确理性,投映在一切人身上;它连续而不变,召唤着人们依据它的规定来尽自己的义务,并通过它的禁令使人们远离错误;对正直的人来说,它的要求和禁令从来不是徒劳无功的;但对邪恶的人来说,它的规则和限制就全不起作用。对于真正的法,其神圣性不可能被贬损,其合法性不可能被扭曲,其效力不可能被废止;我们不能通过元老院或公民大会的命令驱除它;也无须借助任何人来厘清和解释它;若是真正

---

① 西塞罗. 法律篇 [M]. 1.6.18-19. 转引自:约翰·莫里斯·凯利. 西方法律思想简史 [M]. 王笑红,译. 北京:法律出版社,2010:50-51.
② 西塞罗. 法律篇 [M]. 引自:西方法律思想史资料选编 [M]. 北京:北京大学出版社,1983:77.

的法，就不会在罗马一个样而在雅典另一个样，或者明日之法与今日之法有所不同；它是唯一而一同的法，永恒而不可改变，约束所有时代的所有民族；它是神所设计、解释和颁布的，神赋予它唯一而普适的统治者的地位，让它规制万事万物；对永恒的法的违反即对人自己以及人的本性的违背，因此，谁若违背了它，哪怕他逃避了对他的行为做出的其他相应惩罚，也将受到最严厉的处罚。①

以上激情洋溢的论述中，西塞罗的思辨紧紧围绕理性展开，辩证地表达了他关于真正的法、法律的理解逻辑。

第一，真正的法必须符合自然规律，是人们对自然规律高度认知和把握的结果。这种认知结果，就是人的正确理性，反映人类认识、适应和改造外部事物及社会的主客观统一。所有的人都能够被这种正确理性感知并受其约束。

第二，人们通过不断实践历练积累的正确理性，合乎并顺应客观规律，自始至终"连续而不变"，对整个人类存续发展起着行为引领、规范和约束作用，达到促使人们趋利避害、远离错误的目的。

第三，反映人类主客观高度统一的真正的法，亦即与自然契合的正确理性，在实际推行中并不是为所有人自觉并遵守。正直的人和邪恶的人，对于认知、接受以致遵循真正的法，有着截然不同的因应态度，引发完全相反的后果。正直的人，觉悟并遵循正确理性。邪恶之

---

① 西塞罗. 论共和国 [M]. 3.22.33. 转引自：约翰·莫里斯·凯利. 西方法律思想简史 [M]. 王笑红，译. 北京：法律出版社，2010：51.

人完全无视真正的法的存在。这也就构成人们识别正直与邪恶的标准之一。

第四，作为与自然契合的正确理性，真正的法的效力如同客观规律，不能被人们随心所欲地贬损、扭曲和废止。任何人间的立法机构，无论是元老院或是公民大会，都不能无视真正的法的存在及其效力的客观性。任何对法的解释或厘清，都不能背离反映客观规律的真正的法的本意而笔下生花，或信口雌黄。因为真正的法的神圣性及其效力根植于自然，与自然契合，毋庸置疑。

第五，基于真正的法所反映的与自然契合的内在规定性，其不断积累的人类认识和改造自然与社会的正确理性成果，适用于对所有人类所有时期或阶段行为的引领及约束。不管是罗马还是希腊或是人类其他地方，也不管是过去、现在还是将来，与自然契合的真正的法，都能够发挥正确理性的功能，起着引领、规范人们趋利避害的作用。其具有一同的永恒的价值，毋庸置疑。

第六，与自然契合的真正的法，本身体现不以人的意志为转移的神的意志，应当受到所有人的信仰和尊敬。这种意志以真正的法表现出来，具有永恒和普遍的约束力，不仅规制人类所有时代所有民族的思想和言行，也规制万物。

第七，违背真正的法，本质上就是违背行为人自己乃至整个人类的本性，其结果势必给行为人自己以及其生存的人群聚落、族群、国家乃至整个人类造成危害。因此，违背真正的法的言行，都会受到最严厉的处罚。即使行为人可能一时逃过其相应的处罚，但最终都会遭到最严厉的制裁。

西塞罗上述思想观念在古罗马社会亦有共鸣。如古罗马诗人奥维德明确"制定法律法令,就是为了不让强者做什么事都横行霸道",以申明真正的法的价值。另一古罗马诗人贺拉斯则发出诘问:"被败坏的道德践踏了的法律还有何意义?"以此警示人们,违背与自然契合的制定法非真正的法。

## 第三节　国家政治及其治国理政正当性辨析

在不断地征伐、扩张和殖民历程中,古罗马人的国家政治观有了比古希腊更为深入细微的变化。

### 一、人类社会聚合交流组成国家的原理思辨

古罗马斯多葛学派哲学家塞内加曾说:"我们的奋斗目标,不是长寿,而是活得正直。"对于国家本性及其功能如何体现正直,也就是治国理政正当性的认知,古罗马人有了比古希腊更为细腻的思辨。

早期古罗马有个谚语:无财产,即无人格。这是当时国家设立给个人承诺的正直的国家原则。为保障正直或正当的国家责任切实到位,"公元前335年,亚历山大与哥林多联盟国家之间所订的条约里规定了,联盟理事会与亚历山大的代表保证,联盟的任何城邦都不得为了革命的缘故而没收个人的财产,或者分配土地,或者免除债务,或

者解放奴隶"①。

然而，国家仅仅维系社会固有的财产权益及其秩序，显然并没有全面深入地领会国家本质。到共和国晚期，西塞罗有了对国家本质的总结："国家乃人民之事业，但人民不是人们某种随意聚合的集合体，而是许多人基于法的一致和利益的共同而结合起来的集合体。这种联合的首要原因主要不在于人的软弱性，而在于人的某种天生的聚合性。"② 其中关于国家本质要素的认知，抽象到以下三个方面。

其一，国家是一个由人民聚合的集合体，没有人民聚合起来的集合体，不具备国家条件。

其二，人民聚合为国家的首要原因来自人、人类的天性或本性。这种天性或本性并非在于人的软弱。

其三，人民聚合为国家是基于共同的利益，并就共同的利益形成一致的法、法律加以维系。

由以上内容可以看到，西塞罗关于国家本原的思考，直接承继柏拉图理想国和亚里士多德政治共同体伦理思想。而对其中关于国家形成的人们意愿的合意，有了更细微的考量。

## 二、治国理政缘于委托

古罗马斯多葛学派代表人物塞内加针对当时人类社会治国理政的

---

① 塔因："公元前三世纪的社会问题"，见：希腊化时代论文集［M］. 剑桥版，1923. 转引自：罗素. 西方哲学史［M］. 何兆武，李约瑟，译. 北京：商务印书馆，2002：287.
② 西塞罗. 法律篇［M］. 引自：西方法律思想史资料选编［M］. 北京：北京大学出版社，1983：39.

混乱和奴隶制，认为人类"自己奴役自己是最沉重的奴役"。他还认为，由于人性弱点，人所具有的兽性的"罪恶是不会作茧自缚的"。人性恶即兽性必然驱使攒主、执政官以及皇帝这些"已经大权在握的人还会去谋求更大的权力"。权力在握，使得国家统治者往往在为公众服务和只为自己或自己小集团利益服务的公权力运行方面，陷入私利陷阱而无法自拔。这势必驱使治国理政偏离公平正义。"一个国家如果纲纪不正，其国风一定颓败。"统治者一般都会不顾最初治国理政的承诺，失信于民。这样的统治者所控制的王国，塞内加认为是没有廉耻的王国。"没有廉耻的王国，是不安全的王国。"

对于如何防止国家公权力不至于肆无忌惮地为统治者滥用，西塞罗首先就国家政府的行政机构的性质进行思辨。他认为，"政府的行政机构就像一家信托所"。

西塞罗关于国家政府实质为信托机构的思想，是古罗马人对古希腊社会契约思想继承发扬最为抽象也最为具体的表现。"须为委托人的利益而不是受委托人的利益去工作"，从本源上厘清了人类社会治国理政主从逻辑关系，为古罗马以后特别是三R运动乃至整个欧洲文明启蒙及崛起，提供了启迪和借鉴，也德泽全人类思辨、设计和构建最为本质最为科学的文明国家及其治国理政。

### 三、治国理政基于法伸张和捍卫社会正义

西塞罗认为："没有什么比认识到我们生来是为了正义更能让我们变得崇高了，法律不是靠我们的意志而是依靠其本性来实施的。"

那么，法律具有什么本性？为什么治国理政不能靠执政者的意志

而要依靠法律？西塞罗吸取古希腊智者特别是三杰的成果，有以下思辨。

第一，法、法律是人类正义伸张和捍卫的成果。"如果定义是正确的话，那么正义的起源就会在法中找到，因为法是一种自然的权力，是理智的人的精神和理性，是衡量正义与非正义的标准。"①

第二，法、法律的规范目标是实现正义。不管是分配还是矫正，无论是比例还是非比例，"正像诗人所说的，他们认为：'自然毫不违反人类所关切的事情'，于是全体人类会平等地遵守正义。因为从自然那里接受了理性的赠品和创造物也会接受正当的理性，所以他们也就会接受正当的理性应用于支配和禁止的法的赠品。如果他们接受了法的话，他们也就接受了正义"。

第三，"人类的相似点，既在其邪恶中也在其善良中鲜明地表现出来"②。因此，预防治国理政的邪恶的危害，最好的办法就是以法、法律加以规范或约束，不让执政者随心所欲，甚至是胡作非为。

第四，虽然"一切法律都必须同国家的体制相适应"。③ 但"法律的意义在于对所有的人适用和有效"。这种普遍适用渊源于平等之善，"当一个明智的人向他人表示，上帝赋予了我们平等的美德时，那种广泛传播在人间的善良就会继一切必然的结果之后产生出来——

---

① 西塞罗．转引自：法学教材编辑部编．西方法律思想史资料选编［M］．北京：北京大学出版社，1983：65.
② 西塞罗．转引自：法学教材编辑部编．西方法律思想史资料选编［M］．北京：北京大学出版社，1983：67.
③ 西塞罗．转引自：法学教材编辑部编．西方法律思想史资料选编［M］．北京：北京大学出版社，1983：65.

爱他人甚于爱自己"①。特别是实现"各得其所"的正义方面,"毫无疑问,不能用任何正当的理由反对如下概念,每个人的物品应由他自己拥有"②。同理,治国理政之所有举措,也不能"用任何正当的理由"为任何不正当的言行。

第五,西塞罗认为暴君是对国家本身的否定:"在所有人都受到独夫残酷压制的地方——你能把它称为一个国家(res publica)吗——必须要澄清的是,在暴君统治的地方,国家形同虚设。"③

以上思辨,反映出古罗马治国理政正当性观念之一斑。

## 第四节 法治的理论思辨

### 一、法治本原思辨

古罗马早期,受古希腊智慧的影响,遵循人的意志以外的客观规律,往往被冠以服从"神"的名义。不管是斯多葛学派还是伊壁鸠鲁学派,多强调:"我们必须服从神,有如一个好公民要服从法律。'兵

---

① 西塞罗. 转引自:法学教材编辑部编. 西方法律思想史资料选编[M]. 北京:北京大学出版社,1983:68.
② 卢克莱修. 转引自:约翰·莫里斯·凯利. 西方法律思想简史[M]. 王笑红,译. 北京:法律出版社,2010:67.
③ 柏拉图. 论共和国[M]. 3.31.43. 转引自:约翰·莫里斯·凯利. 西方法律思想简史[M]. 王笑红,译. 北京:法律出版社,2010:57.

士们宣誓要尊敬凯撒高于一切人,但是我们则首先尊敬我们自己。'当你出现在世上的权威者的面前时,应该记住还有'另一个'从高处在俯览着一切所发生的事情的神,你必须要取悦他而不是取悦于世上的权威者。"① 马尔库斯·奥勒留在其《沉思录》中说:"要爱人类。要追随'神'。——只要记住法则在统治着一切就够了。"② 这说明当时社会上对于不以人的意志为转移的客观的认识,已为人们关注并重视。

受以上思想影响,公元2世纪罗马作家阿普列乌斯(Apuleius),通过其著作《复形记》强调遵循法律传统,禁止动用私刑,在任何情况下,都不应在和平时期"像野蛮人或无所忌惮的暴君那样,不经审讯而处罚某个人"③。又据塔西陀记述,尼禄时代元老院在审理一个臭名昭著的告密者案件时,针对部分议员不经审理直接处罚的动议,另一部分议员认为"应当留足时间,应当公开处罚;按照惯例,即使是对人们最为憎恶的有罪被告也应当进行审判"④。随后,古罗马斯多葛学派代表人物塞内加专门著文批判尼禄皇帝,说他的行为与制定的法律不相符。⑤ 他认为,统治者进行司法裁判,"无论是谁做出的判决,如果他没有让其中一方当事人陈述自己的意见,哪怕判决事实上是正

---

① 奥德斯(W. J. Oates). 斯多葛派和伊壁鸠鲁派的哲学家[M].47. 转引自:罗素. 西方哲学史[M]. 何兆武,李约瑟,译. 北京:商务印书馆,2002:333-334.
② 罗素. 西方哲学史[M]. 何兆武,李约瑟,译. 北京:商务印书馆,2002:337.
③ 复形记[M]. 转引自:约翰·莫里斯·凯利. 西方法律思想简史[M]. 王笑红,译. 北京:法律出版社,2010:66.
④ 转引自:约翰·莫里斯·凯利. 西方法律思想简史[M]. 王笑红,译. 北京:法律出版社,2010:66.
⑤ 塞内加. 论仁慈[M].1.4. 转引自:约翰·莫里斯·凯利. 西方法律思想简史[M]. 王笑红,译. 北京:法律出版社,2010:61.

义的，他的行为也难称正当"①。他的批判在此后好几个世纪，仍然被著作家们频频重提。②

共和国晚期，西塞罗名言曰："一个执政官的职责就是依照法律对人民进行统治，并给予正当的和有益的指导。因为法律统治执政官，所以执政官统治人民，并且我们真正可以说，执政官乃是会说话的法律，而法律乃是不会说话的执政官。"③ 由此后世诸多学人总是将此作为西塞罗将法、法律界定为统治者意志的证据。然而结合其所有观点及论述全面综合分析，这其实是对其思想观点的误解。在该名言中西塞罗并未将执政官的地位提升到与法律并列，而是着重指出"法律统治执政官，所以执政官统治人民"执政官的统治并非无所限制，而是要在法律之下，依照法律统治人民。

事实上，西塞罗对于法、法律的真正主张和真实观点见诸于以下论断：

> 一个以法律为根基的国度，弃法律于不顾的行径（discedi de legibus）将会是更大的耻辱。因为法律是维系个人在共同体中的利益的纽带，是我们得享受自由的基础，是正义的源头——没有法律的国家犹如缺失头脑的人体——长官司掌法律之执行，法官依照法律之解释。总而言之，我们遵守法律，是因为法律赋予我

---

① 转引自：约翰·莫里斯·凯利. 西方法律思想简史 [M]. 王笑红，译. 北京：法律出版社，2010：66.
② 转引自：约翰·莫里斯·凯利. 西方法律思想简史 [M]. 王笑红，译. 北京：法律出版社，2010：61.
③ 转引自：约翰·莫里斯·凯利. 西方法律思想简史 [M]. 王笑红，译. 北京：法律出版社，2010：79.

们自由。①

上述论断清楚地表明,对于背离法律和不遵守法律的行径,西塞罗表达了愤慨,认为这是莫大的耻辱。对于法律本质,西塞罗并不认为是统治者意志的体现,而认为法律是维系个人在共同体中利益的纽带。执行和解释法律的目的,就是实现正义。所以在这个意义上,法律的作用就具体发挥于赋予每个人自由以维系整个社会有序运转的作用。这种作用,保护着每个人各得其所的正义,犹如人的大脑指挥或约束人体。而"没有法律的国家犹如缺失头脑的人体"。

## 二、平等与法治思辨

斯多葛派认为,一切人天生都是平等的。马尔库斯·奥勒留在他的《沉思集》一书里拥护"一种能使一切人都有同一法律的政体,一种能依据平等的权利与平等的言论自由而治国的政体,一种最能尊重被统治者的自由的君主政府"。这是一种在罗马帝国不可能彻底实现的理性,但是它却影响了立法,特别是改善了妇女与奴隶的地位。②

不过,在实际的社会秩序运行中,罗马民法明示等级差异是区别对待当事人的理由,如不法伤害,"若受害人具有官员地位,就被升级为重伤害",加害人也就会受到重处。③ 另外,基于维护家庭秩序和

---

① 西塞罗. 为克伦提乌斯辩护 [M]. 转引自:约翰·莫里斯·凯利:西方法律思想简史 [M]. 王笑红,译. 北京:法律出版社,2010:61.
② 罗素. 西方哲学史. 何兆武,李约瑟,译. 商务印书馆,2002:341-342.
③ 转引自:约翰·莫里斯·凯利. 西方法律思想简史 [M]. 王笑红,译. 北京:法律出版社,2010:65.

社会秩序的目的,罗马法规定,孩子和自由人不能对其家长与保护人"提起欺诈诉讼",而且"下等人也不能对上等人提起这一诉讼,如平民诉像两执政官一级那样德高望重的人物,又或游手好闲和行为放荡,或其他品行不端的人诉德行无懈可击的人"①。

西塞罗坚称:"不为全体人类所共有的权利决不是什么权利。"但是他的执政理念却认为:"如果人民控制了一切,不管他们的行为何其合乎正义和中道,若不考虑等级差别,甚至平等也是不平等的。"②因此,西塞罗坚持对社会分层和区别调节处置的法制原则,"且让上层阶级和下层阶级之间的区别得以保留"③。

另外,古罗马社会也流行这样的理论:"奴隶也是和别人同样的人,因为大家一样都是神的儿子。"④ 基于这一理论,西塞罗认为"对谋杀罪应按照同一法律给予同样处罚"⑤。

### 三、法治运行的原则思辨

受古希腊正当法治观和良法之治思想的影响,古罗马社会对于法治运行的观念,形成以下基本原则。

---

① 转引自:约翰·莫里斯·凯利. 西方法律思想简史 [M]. 王笑红,译. 北京:法律出版社,2010:63.
② 西塞罗. 论共和国.1.27.43. 转引自:约翰·莫里斯·凯利. 西方法律思想简史 [M]. 王笑红,译. 北京:法律出版社,2010:62.
③ 西塞罗. "为麦洛辩护".7.17. 转引自:约翰·莫里斯·凯利. 西方法律思想简史 [M]. 王笑红,译. 北京:法律出版社,2010:63.
④ 奥德斯(W. J. Oates). 斯多葛派和伊壁鸠鲁派的哲学家 [M].47. 转引自:罗素. 西方哲学史 [M]. 何兆武,李约瑟,译. 北京:商务印书馆,2002:333-334.
⑤ 西塞罗. "为麦洛辩护".7.17. 转引自:约翰·莫里斯·凯利. 西方法律思想简史 [M]. 王笑红,译. 北京:法律出版社,2010:63.

第一,"统治者应当是公正的,而公民应当安分守己地服从他们"。这一原则约束的双方,以统治者公正为前提,以公民安分守己为必备要件,构成特定的具体逻辑关系。其一,只有统治者公正,公民才无条件服从。其二,统治者不公正,公民就不服从。其三,只要统治者公正,公民就必须无条件服从。其四,统治者公正而公民不安分守己,则公民失去公正,应承担相应责任。

第二,战时"对于正在指挥作战的司令官发布的命令,不应允许上诉,因为正在指挥作战时的命令应该是有效的和有约束力的"。

第三,法律事件和法律纠纷的解决应通过司法途径。"法官应裁定或指导民事判决,应称作司法执政官。他应是民法的监护者,应设置多名司法执政官,具有同等权力,由元老院任命或由人民选举。"①

第四,决策包括立法和重大决定应当通过民众大会,执政官、皇帝或其他行使国家治权的人,"在民众大会上不应使用暴力"。

第五,"不论是在候选期间或是任期内还是任期以后,不准任何人赠送和接受礼物"②。

## 四、法治运行的艺术

在古罗马以前,人们对于法律运行的认识,多是从行为规范和制度约束展开。随着罗马版图的不断扩大,随着市民与万民调节的融合

---

① 转引自:约翰·莫里斯·凯利. 西方法律思想简史[M]. 王笑红,译. 北京:法律出版社,2010:81.
② 转引自:约翰·莫里斯·凯利. 西方法律思想简史[M]. 王笑红,译. 北京:法律出版社,2010:83.

与深入，法律的制定及其运行的更为和谐、更为细腻的思辨与举措，愈来愈受到法学家的重视。"法律是善良与公正的艺术",① "法学是人和神的事务的概念，正义与非正义之学"② 等观念，逐渐深入社会上下。

在法律运行和法治推行方面如何艺术地实现，罗马法学家不断探索、思辨，形成以下理论。

其一，"认识法律不意味抠法律字眼，而是把握法律的意义和效果"③。塞尔苏斯还认为："对法律的理解不仅仅意味着咬文嚼字，更要把握其效力和范围。"④

其二，"对法律的解释应是宽厚的，应符合其目的"⑤，并且"如果法律的语词是模糊的，对它就不应做与本意相反的理解，尤其是当法律的意图能够从这些语词中推断出来的时候"⑥。

其三，西塞罗强调："无论如何，必须考虑意图。"他认为没有意图的行为，其主体主观上就视为没有过错，而"没有什么比惩罚一个

---

① 早期法学家塞尔苏斯法的定义，法是"关于善良与公正的艺术"（ars bani et aequi）。转引自：约翰·莫里斯·凯利. 西方法律思想简史［M］. 王笑红，译. 北京：法律出版社，2010：58. 又见，徐爱国，王振东. 西方法律思想史［M］. 北京：北京大学出版社，2003：66.
② 乌尔比安的定义。为查士丁尼的《学说汇纂》，《法学阶梯》所记录。
③ 塞尔苏斯. 转引自：孔祥慷"论法律效果与社会效果的统一"，法律适用〔J〕. 2005（1）.
④ 学说汇纂［M］. 1.3.17. 转引自：约翰·莫里斯·凯利. 西方法律思想简史［M］. 王笑红，译. 北京：法律出版社，2010：46.
⑤ 学说汇纂［M］. 1.3.18. 转引自：约翰·莫里斯·凯利. 西方法律思想简史［M］. 王笑红，译. 北京：法律出版社，2010：46.
⑥ 学说汇纂［M］. 1.3.19. 转引自：约翰·莫里斯·凯利. 西方法律思想简史［M］. 王笑红，译. 北京：法律出版社，2010：46.

没有过错的人更不可取的了"①。即使是债流转行为的性质裁判，古典时代后期的法学家帕比尼安（Papinian）亦宣称："在解释缔约当事人达成的契约时，应考虑意图而非语词是不争的原则。"②

其四，"对于违反任何法律的惩罚应与犯法行为相符合"③。

以上四端，反映出罗马法学家已经认识到古希腊先贤先哲所言"最苛刻的执法（司法）就是最大的不公正"论断的重要性，故在具体的执法司法方面，强调以上的法律运行和法治推行。

此外，公元2世纪，法学家亚雅沃伦（Lavolenus）指出："任何法律定义都是危险的，因为定义没有不失真的。"④ 这是就立法及法律制定方面，提出任意、随意给法律定义的危险性警示。

## 第五节　古罗马法治观评析

古罗马社会，"被征服的希腊征服了她野蛮的征服者"。⑤受古希

---

① 西塞罗．论修辞学的发明．2.101．转引自：约翰·莫里斯·凯利．西方法律思想简史[M]．王笑红，译．北京：法律出版社，2010：65．
② 学说汇纂[M]．50.16.219．转引自：约翰·莫里斯·凯利．西方法律思想简史[M]．王笑红，译．北京：法律出版社，2010：46．
③ 转引自：约翰·莫里斯·凯利．西方法律思想简史[M]．王笑红，译．北京：法律出版社，2010：83．
④ 学说汇纂[M]．50.17.202．转引自：约翰·莫里斯·凯利．西方法律思想简史[M]．王笑红，译．北京：法律出版社，2010：45．
⑤ 贺拉斯诗句，原文 Graecia capta ferum victorem cepit. Epist 2.1.156．下一句是："并为粗鄙无文的拉丁姆（古罗马国家的发源地，此指罗马）带来了艺术"。（rt artis intulit Latio）转引自：约翰·莫里斯·凯利．西方法律思想简史[M]．王笑红，译．北京：法律出版社，2010：41．

腊先贤先哲法治思想的影响，"在整个斯葛多派的历史上，苏格拉底始终是他们主要的圣人；苏格拉底受审时的态度，他之拒绝逃亡，他之视死如归，他那关于干了不正义的勾当的人对自己比对别人伤害得更大的说法，这一切都完全与斯葛多派的教训吻合"。由于斯葛多学派摆脱犬儒主义愤世嫉俗继而玩世不恭之束缚，坚持古希腊智者和古希腊三杰的自然理性主导下的治国理政学说，特别地适应古希腊灭亡后的执政者维系并扩大其统治，"几乎所有的亚历山大的后继者——我们可以说芝诺以后历代所有主要的国王——都宣称自己是斯葛多派"①。

在古罗马时代，斯葛多学人先贤先哲致力于打破希腊人和野蛮人之间的传统界限，坚称人类是一个整体，只应有一种公民，即宇宙公民。他们认为，国家不是人们的意志达成协议的结果，而是自然的创造物。国家也应由智慧的君主来统治。这一思想，突破了古希腊治国理政思想的高度，为人类当时及以后的社会调控，予以极大的启迪。

正是出于对自然的崇敬，坚持宇宙公民和宇宙国家理念，于是在法制构建和法治推行历史上，"是斯多葛派区别了 jus naturale（自然法）与 jus gentium（民族法）的"②。自然法的思想及理论，在古罗马社会实践中，不断在公法方面尤其是私法方面日益具体化运用，为后世人类社会法治整体文明进步，提供了理性启迪与借鉴。

到"罗马共和国末期，自由思想成为风尚，伊壁鸠鲁的学说在有教育的人们中间非常流行"③。伊壁鸠鲁学派承继古希腊理性审慎的思

---

① 罗素.西方哲学史［M］.何兆武，李约瑟，译.北京：商务印书馆，2002：320.
② 罗素.西方哲学史［M］.何兆武，李约瑟，译.北京：商务印书馆，2002：347.
③ 罗素.西方哲学史［M］.何兆武，李约瑟，译.北京：商务印书馆，2002：314.

辨成果，认定："一切之中最大的善就是审慎：它甚至是比哲学还更要可贵的东西。"①

伊壁鸠鲁不信上帝、不信天命、不信灵魂不死，对古希腊道德伦理持高度怀疑，认为："'德行'除非是指'追求快乐时的审慎权衡'，否则它便是一个空洞的名字。例如，正义就在于你的行为不致于害怕引起别人的愤恨，——这种观点就引导了'社会契约论'的社会起源学说。"② 受此影响，西塞罗认为："法律约定为聚集到一起缔结的契约和合伙，形成了民族。"③

不仅如此，西塞罗的社会契约思想通过思辨，更为清晰、更为明确地推断：

> 人民（populus）不是人类随意组成的集合，它是众多人基于有约束力的契约（iuris consensus sociatus）和共同利益（utilitatis communions）形成的联合。这种联合的第一动因是人类自然的社会天性，而非个体的弱小；因为人不是孤独的漫步者。④

西塞罗所指"众多人基于有约束力的契约"，与法、法律具有相同性质，承继了古希腊先贤先哲思辨成果且有所发扬。而其将此契约与人们的共同利益有机联系的思辨，促使人们在社会治国理政和社会

---

① 罗素. 西方哲学史 [M]. 何兆武，李约瑟，译. 北京：商务印书馆，2002：310.
② 伊壁鸠鲁学派第欧根尼·拉尔修的思想. 罗素. 西方哲学史 [M]. 何兆武，李约瑟，译. 北京：商务印书馆，2002：287.
③ 西塞罗. 论共和国 [M]. 3.31.43. 转引自：约翰·莫里斯·凯利：西方法律思想简史 [M]. 王笑红，译. 北京：法律出版社，2010：57.
④ 西塞罗. 论共和国 [M]. 1.25.39. 转引自：约翰·莫里斯·凯利. 西方法律思想简史 [M]. 王笑红，译. 北京：法律出版社，2010：57.

调控方面，有着遵循客观自然规律和合乎科学的追求。古罗马社会法、法律的自然契约思辨；违反自然理性的非正义法、法律不具有永恒性；对法、法律正当性的鉴别不能以功利（主义）做标准；法就是最高的理性，正当的理性就是法；治国理政缘于委托；治国理政基于法伸张和捍卫正义；法治运行需要平等和艺术；凡此等等，都围绕自然理性展开。

受以上思想直接影响，随着古罗马武力征服和殖民统治的不断扩张，历经前三头乃至后三头①的实践，版图庞大的"罗马的体制是允许各城市有地方自治政府的，并让地方官吏自己去收税，只有每个城上缴的税额总数才由中央当局规定"②。

然而，人类偏离功利规律的功利主义之本性弊端，在古罗马社会亦不断发酵。这不仅驱使世俗统治者走向急功近利而拒绝治国理政的战略思辨，甚至也制约人们社会交往行为规范的理性选择。其结果，"在罗马世界，相对世俗而言的'自然'的含义在描述可能涉及有利于奴隶的、准占有或准权利性质的契约类型时，就变了味道了；这时，若自然法和世俗的法发生冲突，罗马法学家毫不迟疑地认为世俗法优先，而自然法就走到了死胡同"③。

自然法受到世俗法限制而走进死胡同，使得人们尤其是广大基层民众，不能享受和体会自然权利的实惠，更不可能得到世俗法的恩赐。

---

① 前三头凯撒统治高卢，庞贝和克拉苏先后统治叙利亚一带。后三头安东尼统治东部地区，屋大维统治意大利和高卢，雷必达统辖北非。
② 罗素．西方哲学史［M］．何兆武，李约瑟，译．北京：商务印书馆，2002：347.
③ "Natural Law in Roman Thought", studia et Documenta Historiae et Iuris. 15（1949）. p. 17-18. 转引自：约翰·莫里斯·凯利．西方法律思想简史［M］．王笑红，译．北京：法律出版社，2010：55.

于是基层民众进而转向寻求人的意志以外的"神"的护佑。到古罗马晚期,"拼命企图控制军队的历代皇帝都感觉到宗教可以提供一种十分必需的稳定性;但那必须是一种新的宗教,因为士兵们所拥护的都是新宗教"[1]。于是,"君士坦丁最重要的措施就是采用基督教为国教,这显然是因为大部分兵士都是基督教徒的缘故"[2]。西罗马帝国的灭亡,也就必然地发生。其中的经验教训,不能不为后人总结借鉴。

---

[1] 罗素. 西方哲学史 [M]. 何兆武,李约瑟,译. 北京:商务印书馆,2002:354.
[2] 罗素. 西方哲学史 [M]. 何兆武,李约瑟,译. 北京:商务印书馆,2002:347.

第三章

# 中国先秦法治观

与西方文明不同,中华文明上下五千年发展史上,在自然农耕文明基础上,治国理政的规范、制度及其运行机制的认知与理解,形成了独特的智识系统。先秦最早的传世文献《尚书》,即有相对最成体系的治国理政理论记载。后诸子百家,以道、儒、法、墨最受人关注。

道家主张道法自然,以无为而实现无不为。儒家以宗法血缘之自然强调礼制乃至官制的等级控制。但对于法、法律的本质、价值或作用等的认知,还以法、墨更为深入。法家"不别亲疏,不殊贵贱,一断于法"的秉法而治的理论,曾被学界关注,认为其最貌似法治原理。然而法家视法、法律为帝王之具的思想,法家苛酷推行法律的急功近利,却体现最彻底背离法治原理的精神。

不管中国社会历史环境如何独特,作为人类的一支,中华祖先仍然有了对国家社会规范的最本原的道理探索。中国人心中的"天理""公理""道理""天经地义""天良"等,与西方自然法(natural law)、上帝之法(the law of God)、理性之法(the law of reason)等同义或相近。箕子胥余和墨翟,就是在被统治者立场上,围绕公平正义和治国理政客观规律,展开了法、法律及其正当性的思辨。其反映了中华民族对于法治的智识。

## 第一节　箕子"王道学说"的法治观

一直以来,学术界大都认为,中国近代以前根本没有出现过法治思维。这对全社会导向极大。笔者最近又一次细读古籍,特别是早期王道理论,发现这种论断有失偏颇。

箕子王道思想见诸于《尚书·洪范》,提出的年代大约是距今2900年至3000年的周初。① 自其王道思想问世以来,历朝历代都关注并予以解读。笔者求学初即对其王道理论顶礼膜拜,经数十年风雨后再拜研读,又有进一步理解。现就最新理解与大家交流,抛砖引玉,尚祈方家斧正。

### 一、箕子王道理论原文及释读

《尚书》记载,周初,周武王灭商后向商纣王叔父箕子咨询如何

---

① 关于箕子作《洪范》的年代,学界争论不休。本书以最新研究成果,采《洪范》成于周初说。参见,徐复观:阴阳五行及其有关文献的研究,载利瓦伊武编:徐复观文集〔M〕第三卷中国人性论史,287;李学勤:叔多父盨与〈洪范〉,载华学〔M〕第五辑,广州:中山大学出版社,2001:109—110;裘锡圭:燹公盨铭文考释,中国历史文物〔J〕2002(6):23—24。刘起釪:五行原始意义及其分歧蜕变大要,载尚书研究要论〔M〕.济南:齐鲁书社,2007:357.

治国,箕子以洪范九畴传授时强调:"无偏无陂,遵王之义;无有作好,遵王之道;无有作恶,尊王之路。无偏无党,王道荡荡;无党无偏,王道平平;无反无则,王道正直。"①

这是中华有史以来,第一次集中系统阐述王道的明确记载。其大意是说,作为国家的统治者,对待辖区的诸侯百姓,不要有任何偏颇,必须遵守王法;治国理政,不要有任何私好,必须遵守王道;执政的所有举措,不要为非作歹,必须遵行正确的约束。对待所有的诸侯百姓,不要偏私,不结朋党,这样王道宽广,国家就会昌盛;不结朋党,不要偏私,有利于消除反叛和抵抗,这样国家就会稳定,王道则会平坦;不要随心所欲地变更法律和既定的治国理政规矩或方式,始终保持治国理政制度运行的一贯性,国家的统治就会得到端正的运行而不会出现动荡反复。

## 二、箕子王道思想的深刻内涵

"王道"思想及其理论的提出,第一次系统地反映先秦历史上人们对于公平正义的认知意识。"无偏无陂""无有作好""无有作恶""无偏无党""无党无偏"且"无反无则(侧)"诸禁忌的规劝谏议,对"王道"的内涵进行了逻辑归纳。

作为辅佐商纣王执政的重臣,箕子亲历了商纣王不听劝谏、恣意妄为、为非作歹,以致亡国的重大事变。出于吸取教训的思辨,在总结历史上圣王尧舜等统治经验的基础上,箕子认为,国家的最高统治,

---

① 尚书·周书·洪范.

必须遵循"王道",走"王道"之路。"无偏无陂""无有作好""无有作恶""无偏无党""无党无偏"且"无反无则",都是国家最高统治者遵循王道治国理政的禁忌。其中体现出当时古人关于社会公平正义的思想和观念。

具体来说,王道的治国理政,有以下权力制衡考量。

"无偏无陂"观:对国家的统治,最高统治者治国理政既不能采取过激的暴力镇压措施,也不能放任任何危害社会稳定的行为。要做到衡平地治国理政,就必须认真和踏实地总结以往统治者治国理政的经验,同时吸取以往治国理政的教训;扬长避短,不重蹈覆辙,这就叫"遵王之义"。

"无有作好"论:比较恰当的理解是,治理国家和调控社会,最高统治者不仅不能按照自己的欲望好恶制定并实施事关诸侯百姓权益的赏罚规矩、规则、规范,更不能只凭借自己的好恶随心所欲地不按规矩出牌。克制自己的欲望和抑制自己的好恶,就必须遵循客观规律。顺应规律而不是无约束地任意治国理政,这就是"遵王之道"。

"无有作恶"说:最高统治者的统治,必须建立在"不作恶"的基础上,以"无有作恶"作为统治是否合法合理的检验。而评判最高统治者是否"作恶",则要以其施政是否对造福国民有利为依据。因此,最高统治者治国理政,必须走"无有作恶"的"遵王之路"。

"无偏无党"观:指最高统治者治国理政的基本制度和政策的制定与实施,存续应以包容全体国民为基本目的,最高统治者治国理政负有团结全体国民的义务和职责,因而应当在制度设计和规范的制定与实施上,对全体国民一碗水端平。有了"无偏无党"的包容,不仅能够得到最大多数国民的拥护,还会得到更多民族或地方的向往和仰慕，使自己的统治之路越走越宽广，国家和社会发展愈益昌盛。这就是"王道荡荡"。

"无党无偏"论：此论则是说，对国家的统治，最高统治者必须禁止结党营私，尤其不能依靠或偏袒一党而打压另一党。最高统治者治国理政，须全面、客观公平地对待各种政治主张，衡平地把握有利于国家民族和国民福祉文明进步的主线，不能鼓励党争或派系的营私枉法。做到了"无党无偏"，国家的治理就会得到社会长久稳定的支撑。治国理政的"无偏无党"，目的是社会稳定，这就叫"王道平平"。

"无反无则"说：中心意旨在于，治国理政的法律制定和实施，应当是对人类历史上文明进步成果的继承；不管是谁上台执政，都要遵循治国理政的一贯规律。即使是新建王朝，最高统治者也不能武断地摒弃已经实践检验并行之有效的法律规范，独出心裁地另立规矩，更不能朝令暮改，随意立废，让国民无所适从。治国理政和社会调控有客观规律可循，最高统治者若能自觉做到遵循客观规律，继承对社会稳定发展行之有效的法律法令，就会使国家和社会走上不偏不倚的正确道路。这就是"王道正直"。

### 三、对箕子王道思想的把握与评价

#### （一）公平正义是王道的试金石

箕子的王道思想，立足于公平正义，不仅仅提出国家最高统治者治国理政的禁忌，更为如何理想地实现公平正义指出了理解和领会的方法或路径。这就是:"天子作民父母,以为天下王。"① 其意即作为国家最高统治者,只有像父母爱护自己子女那样对待所有的国民,才能够得到全体国民的拥戴。

(二) 王道与霸道对立

公平正义为王道之本的思想,对周初统治影响直接体现为"以殷制殷"政策的实施。此后,随着周公制礼作乐规范的深入推行,随着宗子维城和封邦建国的亲贵合一化,脱离宗法血缘关系束缚的公平正义思想及其实践,已然失去践行的社会历史环境。在春秋战国急功近利的争霸驱使下,王道思想已被霸道理论否定。而不管是秦皇还是汉武,走向专制的历代王朝,虽有提及王道,然多系标榜假借而已,并未实际上有效地构成对最高统治者治国理政的约束。以公平正义为本的王道思想,在中国古代,始终未能被最高统治者自觉领会并形成自我约束机制。箕子《洪范》的王道理论,也只能在专制的朝代或环境下,属于非主流之列。

(三) 箕子王道理论内含祖先对法治的理解与追求

从规圆矩方的规矩文化亦即规范文化考量,人类选择法律并且不懈追求法治的根本原因,在于法律规范比道德规范、宗教规范,适用范围更广更全面。一旦上升为国家法律,其约束力就远远超越道德人群,超越宗教人群,对国家社会对族群社会的全体成员予以规范,而不管你是否归服某一阶层或某一族群,或者你是否皈依某一宗教。箕

---

① 尚书·周书·洪范.

子不因为周灭商而拒绝甚至抵制周武王，而是出于一般治国理政的考量，提出王道思想，规谏一般最高统治者，这已经超越了族群、阶层、集团的利益局限。因而其王道思想具有约束社会全体成员的法治意义。

箕子谏告君主"无偏无陂""无有作好""无有作恶""无偏无党""无党无偏"且"无反无则"的思想，立足在公平正义基础上，反复强调君主必须恪守公平正义，应当平等地对待全体国民，并以此作为是否符合王道的检验考量内容，彰显其规范最高统治者的法治精神。

不管人们如何从自己的利益局限评判箕子的王道思想，也无论后人如何假借箕子王道思想做自己主张的粉饰或标榜，箕子关于制衡君权和追求法治的王道理论，都深含客观理性辨析治国理政的独特内容，闪烁着中华民族智慧的光辉。自箕子王道思想面世到近代，中华历史上就再没有出现超越该王道思想的系统主张及理论。由此又见箕子公平正义为王道之本思想的历史价值和现实启迪意义。箕子王道思想所彰显的公平正义和法治精神，为中华民族并非没有公平正义意识和并非没有法治追求，提供了坚实和确凿的证据。一切对中华文化独异于世界并推论中华民族缺乏公平正义精神，以及中华文化没有法治追求的论断，在箕子王道思想面前，都失去了理论根基。笔者对箕子王道理论的解读，不拘泥于传统的考据，只是领会其精神实质的新探而已。唯愿箕子公平正义和法治的王道思想长存，不仅是用作标榜或粉饰，而是切合实际地作用于中华大地，德泽中华民族乃至全人类。

## 第二节 墨子法治理论

### 一、敬"天"畏"鬼神"的自然法意识

#### (一)"天"不为天子左右的正义观

即使是人类文明随高新科技高度发达的今天,人类对于外部客观世界,仍有许多未知的地方。古人对于"天"以及其变化之"鬼神"的认知,反映出当时人类对于外部客观世界认知的局限。

在墨子的智识领域,"天"是完全不受人类主观意志操纵或主宰的客观存在。正是由于"天之行广而无私,其施厚而不德,其明久而不衰,故圣王法之"①,墨子在承认"天"不为人的意志为转移的前提下,比较深入地探讨人类社会治理与"天"的关系。墨子认为:

> 今天下之人曰:当若天子之贵诸侯,诸侯之贵大夫,儑明知之。然吾未知天之贵且知于天子也。子墨子曰:吾所以知天之贵且知于天子者有矣。曰:天子为善,天能赏之;天子为暴,天能罚之;天子有疾病祸祟,必斋戒沐浴,洁为酒醴粢盛,以祭祀天

---

① 墨子·法仪.

鬼，则天能除去之。然吾未知天之祈福于天子也，此吾所以知天之贵且知于天子者。不止此而已矣，又以先王之书，驯天明不解之道也知之。曰：明哲维天，临君下土。则此语天之贵且知于天子。不知亦有贵，知夫天者乎？曰：天为贵、天为知而已矣。然则义果自天出矣。是故子墨子曰：今天下之君子，中实将欲遵道利民，本察仁义之本，天之意不可不慎也。既以天之意以为不可不慎已，然则天之将何欲何憎？子墨子曰：天之意，不欲大国之攻小国也，大家之乱小家也，强之暴寡，诈之谋愚，贵之傲贱，此天之所不欲也。不止此而已，欲人之有力相营，有道相教，有财相分也。①

对于人在社会中身份地位的区别，墨子是从"天"及其运行规律来探讨的。他不认为天子、诸侯乃至大夫的尊贵地位是"天意"，反而认定天子、诸侯、大夫的尊贵与否，取决于天子、诸侯、大夫本人是否做了顺应天意的事，即"天子为善，天能赏之；天子为暴，天能罚之；天子有疾病祸祟，必斋戒沐浴，洁为酒醴粢盛，以祭祀天鬼，则天能除去之"。其结论是："天为贵、天为知而已矣。"这与"天子为贵、天子为知"完全是对立的两码事。

墨子以上论述阐明的有三个基本认识：第一，天与天子的关系，实为人类不可知外部客观世界及其规律的"天"，可以左右或控制人类统治者"天子"，而不是相反。第二，"天之意"的运行有自身不为"天子"意志左右的规律，这是人类必须遵循的"仁义之本"。故人间

---

① 墨子·天志中.

最高统治者"天子",也不能假借天意对属下施暴。大国攻伐小国、大家之乱小家、强之暴寡、诈之谋愚、贵之傲贱,都非天意,是违背天意的。第三,真正符合"天意"的,是"欲人之有力相营,有道相教,有财相分也"。人类社会互相帮助,形成命运共同体相同的认知智慧及其维系机制,在财产资源分配使用上照顾到每个个体,才是符合"天意"的。

客观地理性地对待"天",反对恃强凌弱,反对国家暴力和家族家庭暴力,决定了墨子治国理政思想和法制思维的价值取向,也最核心地体现墨子的社会正义观和社会公平观的根源或依托。

(二)"尊天事鬼"的治国理政理论

在墨子思想体系中,"天"是外部世界的客观存在,不以人的意志为转移而运行。而"鬼神"则是具体体现"天意"的方式、载体或途径。他认为:

> 故古者圣王,明知天鬼之所福,而辟天鬼之所憎,以求兴天下之利,而除天下之害。是以天之为寒热也,节四时、调阴阳两露也;时五谷孰,六畜遂,疾灾、戾疫、凶饥则不至。是故子墨子曰:今天下之君子,中实将欲遵道利民,本察仁义之本,天意不可不慎也。①

违反"天意",就必然受到来自"天""鬼神"的赏罚。这种赏

---

① 墨子·天志中.

罚的目的就在于约束统治者:

> 尝若鬼神之能赏贤如罚暴也,盖本施之国家,施之万民,实所以治国家、利万民之道也。若以为不然,是以吏治官府之不洁廉,男女之为无别者,鬼神见之;民之为淫盗寇乱盗贼,以兵刃、毒药、水火,退无罪人乎道路,夺人车马、衣裘以自利者,有鬼神见之;是以吏治官府不敢不洁廉,见善不敢不赏,见暴不敢不罪。民之为淫暴寇乱盗贼,以兵刃、毒药、水火,退无罪人乎道路,夺车马、衣裘以自利者,由此止,是以莫放幽闲,拟乎鬼神之明显,明有一人畏上诛罚,是以天下治。①

也就是说,墨子从"天"的客观公正来揭示"鬼神"执行"天的赏罚"。"鬼神"的赏贤罚暴,彰显天的公正,威慑治理国家的统治者乃至各级官吏,实现国家社会的稳定运行。

为证明"鬼神"的价值作用,墨子特例举夏王朝最后一位国王夏桀以证:"若以为不然,昔者夏王桀,贵为天子,富有天下,富贵众强、勇力强武、坚甲利兵祥上帝伐,元山帝行。故于此乎天乃使汤至明罚焉。汤以车九两,鸟陈雁行,汤乘大赞,犯遂下众,人之(虫高)遂,王乎禽推哆、大戏,故昔夏王桀,贵为天子,富有天下,有勇力之人推哆、大戏,生列兕虎,指画杀人。人民之众兆亿,侯盈厥泽陵,然不能以此圉鬼神之诛。此吾所谓鬼神之罚,不可为富贵众强、

---

① 墨子·明鬼下.

勇力强武、坚甲利兵者，此也。"① 夏王桀虽"贵为天子，富有天下""富贵众强、勇力强武、坚甲利兵""人民之众兆亿，侯盈厥泽陵"，但只要不遵循上天客观规律，暴力欺压诸侯百姓，最后的下场就是灭亡。不仅夏桀如此，墨子还特举商纣王自恃掌管国家暴力，为所欲为且荒淫无道，最终被周武王取代的实例，更充分地证明不遵守客观"天意"，最终亦会招致鬼神之罚，身败名裂。

在墨子的理论体系中，"天意"也好，"鬼神"也罢，都在于约束"人"，尤其是治国理政的统治者。从规范为政者良善执政考虑，"为其上中天之利，而中中鬼之利，而下中人之利，故誉之与"？这就是评价治国理政，最好的是"上中天之利"，其次是"中中鬼之利""而下中人之利"。"虽使下愚之人，必曰：将为其上中天之利，而中中鬼之利，而下中人之利，故誉之。今天下之所同义者，圣王之法也。"②也就是说，人类社会存续必须依赖的正义观，如果都能在人的意志以外的"天"的规范或约束之下达成共识，即"天下之所同义"，那就能实现最好的社会统治或社会调控机制，即所谓"圣王之法"。

墨子据此进一步认为，可以通过两个方面约束人们的行为，来遵循鬼神代行天意维持人类社会运行的规律。其一是通过祭祀，即"今吾为祭祀也，非直注之污壑而弃之也，上以交鬼之福，下以合欢聚众，取亲乎乡里。若神有，则是得吾父母弟兄而食之也。则此岂非天下利事也哉"！也就是说，墨子认为敬畏鬼神的祭祀，"上以交鬼之福，下以合欢聚众，取亲乎乡里"，对天对神鬼对人都有利。其二是"今天

---

① 墨子·明鬼下.
② 墨子·非攻中.

下之王公大人、士君子，中实欲求兴天下之利，除天下之害，当若鬼神之有也，将不可不尊明也，圣王之道也"①。也就是说，墨子认为尊重鬼神，促使各级统治者理性、清醒和睿智地树立并保持对"天"对"鬼神"的敬畏之心，有利于实现"兴天下之利，除天下之害"。

值得注意的是，尊重人类治国理政的历史经验教训来理解"尊天事鬼"，成为墨子思想体系中反复论证的内容。在系统深入梳理历史经验教训并思辨之基础上，墨子总结出：

> 昔之圣王禹汤文武，兼爱天下之百姓，率以尊天事鬼，其利人多，故天福之，使立为天子，天下诸侯皆宾事之。暴王桀纣幽厉，兼恶天下之百姓，率以诟天侮鬼，其贼人多，故天祸之，使遂失其国家，身死为僇于天下，后世子孙毁之，至今不息。故为不善以得祸者，桀纣幽厉是也，爱人利人以得福者，禹汤文武是也。爱人利人以得福者有矣，恶人贼人以得祸者亦有矣。②

禹汤文武抱着"尊天事鬼"的敬畏，遵循"兼爱天下之百姓"的治国理政规律，才能使"天下诸侯皆宾事之"。而"暴王桀纣幽厉"在治国理政上，"诟天侮鬼"，不敬畏客观，结果"兼恶天下之百姓"，最后只能是"失其国家，身死为僇于天下，后世子孙毁之"。两相对比，其差别明显。因此，前者"爱人利人以得福"，为圣王垂范后世。后者则"恶人贼人以得祸"，"故天祸之"，为"后世子孙毁之，至今

---

① 墨子·明鬼下.
② 墨子·法仪.

不息"。

借鉴历史经验教训,怀抱"尊天事鬼"的敬畏,遵循"兼爱天下之百姓"的治国理政规律,"故天福之"。反之则"故天祸之"。这就是墨子认定人类社会治国理政必须遵循的客观规律。有鉴于此,"是故墨子言曰:古者有语曰,君子不镜于水而镜于人,镜于水,见面之容,镜于人,则知吉与凶。今以攻战为利,则盖尝鉴之于智伯之事乎?此其为不吉而凶,既可得而知矣"①。也就是说,国家的统治者,应当不断对照并借鉴治国理政的历史经验教训,这样有利于"知吉与凶",走"天福之"而非"天祸之"的道路。

## 二、遵循客观自然的"法天"思想

### (一)"天欲义而恶不义"与"顺天之意者,义之法"的思辨

先秦时期的华夏大地,人们已经有了比较系统的"天"的理论。虽然九流十家对天为何物以及天意具体包含哪些内容的解释迥异甚至对立,但围绕"天意"的论述仍在当时人们的思想中频频呈现。墨子主张"法天",正是从"天"所欲所恶思辨展开。他指出:

> 然则天亦何欲何恶?天欲义而恶不义。然则率天下之百姓,以从事于义,则我乃为天之所欲也。我为天之所欲,天亦为我所欲。然则我何欲何恶?我欲福禄而恶祸祟。若我不为天之所欲,

---

① 墨子·非攻中.

而为天之所不欲，然则我率天下之百姓，以从事于祸祟中也。然则何以知天之欲义而恶不义？曰：天下有义则生，无义则死，有义则富，无义则贫，有义则治，无义则乱。然则天欲其生而恶其死，欲其富而恶其贫，欲其治而恶其乱，此我所以知天欲义而恶不义也。

"天欲义而恶不义"，这是墨子对天所欲所恶的最精辟区分。"义"反映的是能够促使人类生存发展和幸福的社会正义之言行，"不义"则反之，指不利于人类生存发展和有碍于人们富裕的言行。一切以是否有利于人类进步为取舍标准来判别统治者治国理政，遵循"义"和"不义"的价值及其运行规律，即"天下有义则生，无义则死，有义则富，无义则贫，有义则治，无义则乱"，就能够为人们认知，并自觉地遵循"义"而反对或抵制"不义"。

墨子意识到，作为人类社会公权力的执掌者，治国理政首先不仅是自我约束在行"义"而反"不义"的言行之中，更重要的是要引导国民捍卫"义"的秩序而制止"不义"。这是统治者不可推卸的责任。所以墨子特别强调："且夫义者，政也。无从下之政上，必从上之政下。"① 也就是说，捍卫并维持社会正义，是当政者的职责，需要当政者带头从上至下地模范引导。

既然行"义"能够为人类社会发展造福，且又深知行"不义"的危害，墨子推论道："今天下之王公大人士君子，中实将欲遵道利民，

---

① 墨子·天志上.

本察仁义之本，天之意不可不顺也。顺天之意者，义之法也。"①"顺天之意"与"欲义而恶不义"相辅相成，互为表里，支撑着人类社会进步发展，因而各级统治者"顺天之意"，就必须行"义"且抵制和反对行"不义"。这是墨子"顺天意"和行"义"主张的精髓。

（二）"法天"的实质与目的是"欲人之相爱相利，而不欲人相恶相贼"

对于人类社会人与人之间的关系，墨子的一贯主张是相爱相利而反对相恶相贼。为证明这一主张的合理合法，墨子反复申明："天苟兼而有食之，夫奚说以不欲人之相爱相利也？故曰：爱人利人者，天必福之；恶人贼人者，天必祸之。曰：杀不辜者，得不祥焉。夫奚说人为其相杀而天与祸乎？是以知天欲人相爱相利，而不欲人相恶相贼也。"②既然"天欲人相爱相利，而不欲人相恶相贼也"，那么，统治者治国理政顺应客观自然的"天意"，是为墨子"法天"主张的基本含义。为何要"法天"？墨子做了如下解释：

> 然则奚以为治法而可？故曰：莫若法天。天之行广而无私，其施厚而不德，其明久而不衰，故圣王法之。既以天为法，动作有为必度于天，天之所欲则为之，天所不欲则止。然而天何欲何恶者也？天必欲人之相爱相利，而不欲人之相恶相贼也。奚以知天之欲人之相爱相利，而不欲人之相恶相贼也？以其兼而爱之、兼而利之也。奚以知天兼而爱之、兼而利之也？以其兼而有之、

---

① 墨子·天志中.
② 墨子·法仪.

兼而食之也。今天下无大小国，皆天之邑也。人无幼长贵贱，皆天之臣也。①

"天下无大小国，皆天之邑也"，"人无幼长贵贱，皆天之臣也"，这是墨子兼爱兼利思维的基础底线，闪烁着普天之下人人平等的思想光辉。不分贵贱地对待每一个人，承担起让全社会相爱相利的责任，抵制和反对任何人与人之间的"相恶相贼"，在墨子思想体系中，这就是"天意"，顺应"天意"，即为"法天"。

在春秋战国诸侯征伐、战乱不断的社会历史条件下，要做到"法天"，消除战争和暴力征伐为当务之急。"是故子墨子曰：今且天下之王公大人士君子，中情将欲求兴天下之利，除天下之害，当若繁为攻伐，此实天下之巨害也。今欲为仁义，求为上士，尚欲中圣王之道，下欲中国家百姓之利，故当若非攻之为说，而将不可不察者此也。"②也就是说，墨子认为当时"繁为攻伐，此实天下之巨害也"，这是最大的违背天意，对天下国家百姓危害最大。因此，要"法天"，就势必首当其冲地消除"攻伐"。这正是墨子"非攻"主张的根本意旨所在。

(三)"法天"要求统治者"兴天下之利，而除天下之害"

不仅是主张"非攻"以消除"天下之害"，墨子在"天下无大小国，皆天之邑也"和"人无幼长贵贱，皆天之臣也"的思辨基础上，

---

① 墨子·法仪.
② 墨子·非攻下.

意识到统治者运用公权力应当顺应天意这个最担心或最值得注意的问题。他从"爱天下百姓"出发，特别指出：

> 然则何以知天之爱天下之百姓？以其兼而明之。何以知其兼而明之？以其兼而有之。何以知其兼而有之？以其兼而食焉。何以知其兼而食焉？四海之内，粒食之民，莫不犓牛羊，豢犬彘，洁为粢盛酒醴，以祭祀于上帝鬼神。天有邑人，何用弗爱也？且吾言杀一不辜者，必有一不祥。杀不辜者谁也？则人也。予之不祥者谁也？则天也。若以天为不爱天下之百姓，则何故以人与人相杀，而天予之不祥？此我所以知天之爱天下之百姓也。①

上论述表明，墨子最担心统治者随心所欲地运用公权力滥杀无辜。基于反对"人与人相杀"而祸国殃民的考量，墨子认定"杀一不辜者"，违反天意，天则"必有一不祥"，以此警告统治者不要随意杀人和滥杀无辜。

从治国理政须"法天"以"顺应天意"思辨，墨子梳理了社会治国理政上下实施的情况，认为统治者"上强听治，则国家治矣；下强从事，则财用足矣。若国家治，财用足，则内有以洁为酒醴粢盛，以祭祀天鬼；外有以为环璧珠玉，以聘挠四邻。诸侯之冤不兴矣，边境兵甲不作矣。内有以食饥息劳，持养其万民，则君臣上下惠忠，父子兄弟慈孝。故唯毋明乎顺天之意，奉而光施之天下，则刑政治，万民和，国家富，财用足，百姓皆得暖衣饱食，便宁无忧。是故子墨子曰：

---

① 墨子·法仪.

今天下之君子，中实将欲遵道利民，本察仁义之本，天之意不可不慎也"①。"国家治，财用足"，是顺天之意的大事，是"遵道利民"的大事。而当时"天下之士君子，知小而不知大"。这也是"法天"最容易出现的问题。因此，墨子认为统治者要"兴天下之利，而除天下之害"，以合乎"法天"规范，不仅是消除暴力镇压和暴力对抗，根本的举措及目标是"刑政治，万民和，国家富，财用足，百姓皆得暖衣饱食，便宁无忧"。

### 三、"义政"与"力政"之辨的"天志"维护社会正义论

墨子认真总结历史经验教训，对"义政"和"力政"进行了辩证比较。他指出：

> 顺天意者，义政也；反天意者，力政也。然义政将奈何哉？子墨子言曰：处大国不攻小国，处大家不篡小家，强者不劫弱，贵者不傲贱，多诈者不欺愚。此必上利于天，中利于鬼，下利于人，三利无所不利，故举天下美名加之，谓之圣王。力政者则与此异，言非此，行反此，犹幸驰也。处大国攻小国，处大家篡小家，强者劫弱，贵者傲贱，多诈欺愚，此上不利于天，中不利于鬼，下不利于人。三不利无所利，故举天下恶名加之，谓之暴王。②

---

① 墨子·法仪．
② 墨子·天志上．

以上论述揭示，墨子主张"义政"而反对"力政"，因为义政"顺天意"，具体表现为"处大国不攻小国，处大家不篡小家，强者不劫弱，贵者不傲贱，多诈者不欺愚"。"力政"则完全相反，"处大国攻小国，处大家篡小家，强者劫弱，贵者傲贱，多诈欺愚"。其结果，奉行"义政"，"上利于天，中利于鬼，下利于人，三利无所不利，故举天下美名加之，谓之圣王"。实行"力政"，"上不利于天，中不利于鬼，下不利于人。三不利无所利，故举天下恶名加之，谓之暴王"。圣王与暴王虽一字之差，治国理政的言行却大相径庭且完全对立。

那么，如何做维护社会正义的圣王而杜绝做破坏社会正义的暴王？墨子提出下列理论：

> 曰：顺天之意者，兼也；反天之意者，别也。兼之为道也，义正；别之为道也，力正。曰：义正者，何若？曰：大不攻小也，强不侮弱也，众不贼寡也，诈不欺愚也，贵不傲贱也，富不骄贫也，壮不夺老也。是以天下之庶国，莫以水火、毒药、兵刃以相害也。若事上利天，中利鬼，下利人，三利而无所不利，是谓天德。故凡从事此者，圣知也，仁义也，忠惠也，慈孝也，是故聚敛天下之善名而加之。是其故何也？则顺天之意也。曰：力正者，何若？曰：大则攻小也，强则侮弱也，众则贼寡也，诈则欺愚也，贵则傲贱也，富则骄贫也，壮则夺老也。是以天下之庶国，方以水火、毒药、兵刃以相贼害也。若事上不利天，中不利鬼，下不利人，三不利而无所利，是谓之贼。故凡从事此者，寇乱也，盗贼也，不仁不义，不忠不惠，不慈不孝，是故聚敛天下之恶名而

加之，是其故何也？则反天之意也。①

国家统治者对所有被统治者的待遇，如果是实行"兼"，即一视同仁，以"己所欲施于人""己所不欲勿施于人"，就能够做到"大不攻小也，强不侮弱也，众不贼寡也，诈不欺愚也，贵不傲贱也，富不骄贫也，壮不夺老也。是以天下之庶国，莫以水火、毒药、兵刃以相害也"。这样的"义政"，合乎"天德"，顺乎"天意"。反之，统治者对社会实行"别"，即差别对待，并凭借国家暴力实行"力政"，"大则攻小也，强则侮弱也，众则贼寡也，诈则欺愚也，贵则傲贱也，富则骄贫也，壮则夺老也。是以天下之庶国，方以水火、毒药、兵刃以相贼害也"。这样施政，"上不利天，中不利鬼，下不利人，三不利而无所利，是谓之贼""反天之意也"。因此，人类社会存续发展，国家统治者必须施行"义政"，而不能实施"力政"。前者彰显社会正义，后者破坏社会正义。

那么，如何鉴别国家统治者行"义政"而非"力政"呢？墨子的解决方案是以"天志"来对照督促。故"子墨子言曰：我有天志，譬若轮人之有规，匠人之有矩，轮匠执其规、矩，以度天下之方圜，曰：中者是也，不中者非也。今天下之士君子之书，不可胜载，言语不可详计，上说诸侯，下说列士，其于仁义，则大相远也。何以知之？曰：我得天下之明法以度之"②。墨子所谓的"天志"，实指不受人的意志左右的客观自然法。这种自然法就像人间规矩，可对统治者治国理政

---

① 墨子·天志下.
② 墨子·天志上.

言行进行比对,"中者是也,不中者非也"。合乎"义政"的,就是顺天意合天德的,国民百姓拥护和支持。反之则属于"力政"之列,国民百姓则是要坚决反对和抵制的。

不得不强调的是,先秦社会,对"天""义""仁"等概念,诸子均有论及,但从具体内容表述分析,墨子思想中的相关认知有独特之处,笔者拟在后文中辨析。

**四、一同天下之义的法制尚同本原论**

(一)"万事莫贵于义"的社会正义观和法制起源论

如前所述,先秦社会对"仁义"的认知,诸子均有不同表述。墨子思想中,亦有相当部分论及"仁义"。墨子认为:

> 故子墨子置立天之以为仪法,若轮人之有规,匠人之有矩也。今轮人以规,匠人以矩,以此知方圆之别矣。是故子墨子置立天之以为仪法,吾以此知天下之士君子之去义,远也!何以知天下之士君子之去义远也?今知氏大国之君,宽者然曰:吾处大国而不攻小国,吾何以为大哉?是以差论爪牙之士,比列其舟车之卒,以攻罚无罪之国,入其沟境,刈其禾稼,斩其树木,残其城郭,以御其沟池,焚烧其祖庙,攘杀其牺牷,民之格者,则劲拔之,不格者,则系操而归,丈夫以为仆圉、胥靡,妇人以为舂酋。则夫好攻伐之君,不知此为不仁义,以告四邻诸侯曰:吾攻国覆军,杀将若干人矣。其邻国之君,亦不知此为不仁义也,有具以皮币,

发其总处，使人缮贺焉。则夫好攻伐之君，有重不知此为不仁不义也，有书之竹帛，藏之府库。为人后子者，必且欲顺其先君之行，曰：何不当发吾府库，视吾先君之法美。必不曰：文、武之为正者，若此矣。曰：吾攻国覆军，杀将若干人矣。则夫好攻伐之君，不知此为不仁不义也。其邻国之君，不知此为不仁不义也。是以攻伐世世而不已者，此吾所谓大物则不知也。①

以上论述中，墨子对大国攻伐小国、统治者暴力剥夺百姓人身及财产的行为，视为"不仁义"。对于总是以武力、暴力侵略他国的"攻伐世世而不已"，墨子更斥之为最大的"不仁不义"。墨子认为，暴力攻伐和暴力施政即"力政"，违背"天意"，应当受到上天客观自然法即"天志"的规范和约束。而人们对待暴力攻伐和暴力施政，必须意识到这是影响人类生存最重要的"大物"即不仁不义的大事。因此，反对暴力攻伐和暴力掠夺，应当引起人们高度重视。

除暴力攻伐和暴力掠夺等不仁不义应受人们谴责、批判、反对及抵制外，墨子也对当时人类社会交往中日常小事即"小物"，进行"义"与"不义"的剖析。其具体论述如下：

所谓小物则知之者，何若？今有人于此，入人之场园，取人之桃李瓜姜者，上得且罚之，众闻则非之，是何也？曰：不与其劳，获其实，已非其有所取之故，而况有逾于人之墙垣，担格人之子女者乎！与角人之府库，窃人之金玉蚤絫者乎！与逾人之栏

---

① 墨子·天志下.

牢，窃人之牛马者乎！而况有杀一不辜人乎！今王公大人之为政也，自杀一不辜人者，逾人之墙垣，抯格人之子女者，与角人之府库，窃人之金玉蚤累者，与逾人之栏牢，窃人之牛马者，与入人之场园，窃人之桃李瓜姜者，今王公大人之加罚此也；虽古之尧、舜、禹、汤、文、武之为政，亦无以异此矣。今天下之诸侯，将犹皆侵凌攻伐兼并，此为杀一不辜人者，数千万矣，此为逾人之墙垣，抯格人之子女者，与角人府库，窃人金玉蚤累者，数千万矣！逾人之栏牢，窃人之牛马者，与入人之场园，窃人之桃李瓜姜者，数千万矣！而自曰：义也！①

对于不劳而获的偷窃、抢劫他人财产的行为，"逾于人之墙垣，抯格人之子女者"的行为，"角人之府库，窃人之金玉蚤累者乎！与逾人之栏牢，窃人之牛马者"的行为，墨子认为，人们均认定属于不义。就连"王公大人之为政也，自杀一不辜人者"，人们也视为不义。但对国家武力攻伐和国家暴力，人们的看法却出现了极大的反差，有人甚至认为是"义"举。这是墨子最深恶痛绝的。"故子墨子言曰：是蒉我者，则岂有以异是蒉黑白、甘苦之辩者哉！今有人于此，少而示之黑，谓之黑；多示之黑，谓白。必曰：吾目乱，不知黑白之别。今有人于此，能少尝之甘，谓甘；多尝，谓苦。必曰：吾口乱，不知其甘苦之味。今王公大人之政也，或杀人，其国家禁之。此蚤越有能多杀其邻国之人，因以为文义。此岂有异蒉白黑、甘苦之别者哉？"也就是说，墨子对人们在暴力攻伐和暴力掠夺的大是大非认识与鉴别问

---

① 墨子·天志下.

题上，总是黑白不分，甘苦不辨，甚至为攻伐施暴杀人编造理论，"因以为文义"，认为这是正义之举，那就真是知"小物"而不知"大物"。

为正本清源，客观地认知"义""仁义"，"故子墨子置天之以为仪法。非独子墨子以天之志为法也，于先王之书《大夏》之道之然：帝谓文王，予怀明德，毋大声以色，毋长夏以革，不识不知，顺帝之则。此诰文王之以天志为法也，而顺帝之则也。且今天下之士君子，中实将欲为仁义，求为上士，上欲中圣王之道，下欲中国家百姓之利者，当天之志而不可不察也。天之志者，义之经也"①。由此可见，墨子之所以鼎力推崇"天志"，目的就是要全社会遵循客观规律认知人类社会存续必须的正义。墨子的"天志"，并非自己主观主义的杜撰，而是辩证总结历史经验教训的结晶。基于"上欲中圣王之道，下欲中国家百姓之利"的理性考量，墨子以遵循客观为基础，提出社会正义的认知必须以"天之志"为检验标准，故其疾呼"天之志者，义之经也"，提出"万事莫贵于义"②，即视社会正义为维系人类社会文明发展最为重要的东西。

（二）一同天下之义的法制尚同思想

如前所述，对于人们认知社会正义的差异情形，墨子已有较为深入的思辨。他认为：

---

① 墨子·天志下.
② 墨子·贵义.

> 古者民始生，未有刑政之时，盖其语：人异义。是以一人则一义，二人则二义，十人则十义，其人兹众，其所谓义者亦兹众。是以人是其义，以非人之义，故交相非也。是以内者父子兄弟作怨恶，离散不能相和合。天下之百姓，皆以水火毒药相亏害，至有余力不能以相劳，腐臭余财不以相分，隐匿良道不以相教，天下之乱，若禽兽然。

从墨子的以上论述不难看出，人类社会对于社会正义的认识思辨，经历了从分歧到趋于统一的进化过程。在野蛮时代，人们关于社会正义的理解"人异义。是以一人则一义，二人则二义，十人则十义"，其结果造成社会交往行为规范的尖锐矛盾，"天下之乱，若禽兽然"。这样的情形继续下去，"若苟百姓为人，是一人一义，十人十义，百人百义，千人千义，逮至人之众不可胜计也，则其所谓义者，亦不可胜计。此皆是其义，而非人之义，是以厚者有斗，而薄者有争"，社会进化被严重阻碍。

那么，这样的情形被改变，是在出现了"天子"，形成了国家以后。在墨子看来，当时人类社会的领袖，凭借"天子"代天行事的权威和名誉，解决了"人异义"的问题，成为国家统治者。这相对于"人异义""若禽兽"的"天下之乱"，无疑是非常了不起的进步。"是故天下之欲同一天下之义也，是故选择贤者，立为天子。""天子唯能一同天下之义，是以天下治也。"①

"天子"出现，尽管凭借天的权威"一同天下之义"，实现了人类

---

① 墨子·尚同上．

社会从野蛮向文明的质的飞跃,然而"天子"毕竟不是"天"而是人的本质规定性决定,"天下之百姓皆上同于天子,而不上同于天,则菑犹未去也。今若天飘风苦雨,溱溱而至者,此天之所以罚百姓之不上同于天者也"。因此,墨子对于国家统治者治国理政是否真实地忠实于"天",有了进一步思辨,即"上之为政,得下之情,则是明于民之善非也。若苟明于民之善非也,则得善人而赏之,得暴人而罚之也。善人赏而暴人罚,则国必治。上之为政也,不得下之情,则是不明于民之善非也。若苟不明于民之善非,则是不得善人而赏之,不得暴人而罚之。善人不赏而暴人不罚,为政若此,国众必乱。故赏不得下之情,而不可不察者也"①。

也就是说,墨子对国家统治者运用公权力治国理政行赏罚时,能不能做到准确和公平公正,忠实于遵循客观的"天意",有相当的疑虑。

基于"一同天下之义"且遵循客观规律之"天意"的考量,墨子从治家到治国进行如下思辨:

然则欲同一天下之义,将奈何可?故子墨子言曰:然胡不赏使家君试用家君,发宪布令其家,曰:若见爱利家者,必以告,若见恶贼家者,亦必以告。若见爱利家以告,亦犹爱利家者也,上得且赏之,众闻则誉之,若见恶贼家不以告,亦犹恶贼家者也,上得且罚之,众闻则非之。是以遍若家之人,皆欲得其长上之赏誉,辟其毁罚。是以善言之,不善言之,家君得善人而赏之,得

---

① 墨子·尚同下.

暴人而罚之。善人之赏，而暴人之罚，则家必治矣。然计若家之所以治者何也？唯以尚同一义为政故也。家既已治，国之道尽此已邪？则未也。国之为家数也甚多，此皆是其家，而非人之家，是以厚者有乱，而薄者有争，故又使家君总其家之义，以尚同于国君。国君亦为发宪布令于国之众，曰：若见爱利国者，必以告，若见恶贼国者，亦必以告。若见爱利国以告者，亦犹爱利国者也，上得且赏之，众闻则誉之，若见恶贼国不以告者，亦犹恶贼国者也，上得且罚之，众闻则非之。是以遍若国之人，皆欲得其长上之赏誉，避其毁罚。是以民见善者言之，见不善者言之，国君得善人而赏之，得暴人而罚之。善人赏而暴人罚，则国必治矣。然计若国之所以治者何也？唯能以尚同一义为政故也。①

墨子从治家到治国分析，认为分清利害是最基本也是最关键的问题。对于家的治理，有利于家存续发展的善，应予鼓励和奖赏；不利于家存续发展的恶，则应予处罚。这样的赏罚标准及具体裁量尺度，家庭成员都应通过参与而形成共识，即"尚同一义"，那么有利于家存续发展的秩序也就能够形成。治国的道理同于治家，有利于国家存续发展的"爱利国者"，和有害于国家存续发展的"恶贼"，全社会都知悉评判，就赏罚标准及具体裁量尺度达成共识，社会正义就能得到支撑。

至于天下的治理，墨子又有如下考量：

---

① 墨子·尚同下.

> 国既已治矣，天下之道尽此已邪？则未也。天下之为国数也甚多，此皆是其国，而非人之国，是以厚者有战，而薄者有争。故又使国君选其国之义，以尚同于天子。天子亦为发宪布令于天下之众，曰：若见爱利天下者，必以告，若见恶贼天下者，亦以告。若见爱利天下以告者，亦犹爱利天下者也，上得则赏之，众闻则誉之。若见恶贼天下不以告者，亦犹恶贼天下者也，上得且罚之，众闻则非之。是以遍天下之人，皆欲得其长上之赏誉，避其毁罚，是以见善不善者告之。天子得善人而赏之，得暴人而罚之，善人赏而暴人罚，天下必治矣。然计天下之所以治者何也？唯而以尚同一义为政故也。①

以上论述揭示，墨子认为治天下与治国的不同点在于，各诸侯国的国情不同，要达成各诸侯国都能够接受的"天下"正义的共识，前提必须是"发宪布令于天下之众"的"天子"，能够使各诸侯国对"善人赏而暴人罚"的赏罚标准及具体裁量尺度，达成共识，天下的社会正义才能得到支撑，治理天下的秩序才能相对长久地存续。

综括以上治家治国治天下的思维逻辑分析，墨子十分看重扬善惩恶的社会正义在家、国乃至天下的共识及其维系。从存续发展的利害关系考量，不管是治家治国还是治天下，人类社会正义的共同认知，对于稳定的社会秩序的形成，均起着十分关键的作用。这正是墨子一再强调"一同天下之义"的"尚同"理论之根本原因。

---

① 墨子·尚同下.

## （三）"尚同于天"的法治规范理论

鉴于人类社会每一个成员对社会正义的理解差异客观存在，"人异义。是以一人则一义，二人则二义，十人则十义"，那么，国家时代统治者如何"尚同"，即促使各成员对社会正义的认知趋于统一，墨子进行以下辨析：

> 故古之圣王治天下也，其所差论，以自左右羽翼者皆良，外为之人，助之视听者众。故与人谋事，先人得之；与人举事，先人成之；光誉令闻，先人发之。唯信身而从事，故利若此。古者有语焉，曰：一目之视也，不若二目之视也。一耳之听也，不若二耳之听也。一手之操也，不若二手之强也。夫唯能信身而从事，故利若此。是故古之圣王之治天下也，千里之外有贤人焉，其乡里之人皆未之均闻见也，圣王得而赏之。千里之内有暴人焉，其乡里未之均闻见也，圣王得而罚之。故唯毋以圣王为聪耳明目与？岂能一视而通见千里之外哉！一听而通闻千里之外哉！圣王不往而视也，不就而听也。然而使天下之为寇乱盗贼者，周流天下无所重足者，何也？其以尚同为政善也。①

上述说明，过去时代的圣王治国理政，大都是凭感觉、直觉判断是非，而对离自己直觉以外较远的人和事的把握，则往往借助传闻。然而这样治国理政，有很大缺陷。圣王即使再聪明再智慧，"岂能一

---

① 墨子·尚同下．

视而通见千里之外哉！一听而通闻千里之外哉！"因此，圣王为正确地实行赏罚，一方面采取兼听以减少失误；另一方面则是通过统一社会正义的判别基准，即"尚同"，让各级统治者规范运用，从而达到天下善治的目的。

最初的国家，统治者的"天子又总天下之义，以尚同于天。故当尚同之为说也，上用之天子，可以治天下矣；中用之诸侯，可而治其国矣；小用之家君，可而治其家矣。是故大用之，治天下不窕，小用之，治一国一家而不横者，若道之谓也"。也就是说，社会正义的标准及其具体规范，通过天子"尚同于天"，运用于诸侯国乃至家，收到解决"人异义"而"天下乱"的效果。所以"圣王皆以尚同为政，故天下治"。这在先王治国理政的历史经验总结中，可以看到。如"于先王之书也大誓之言然，曰：小人见奸巧乃闻，不言也，发罪钧。此言见淫辟不以告者，其罪亦犹淫辟者也"①。这是先王尚同非常典型的案例，记载于《大誓》。当时先王统治者统一发布法律强调：发现小人欺骗和危害王朝统治的淫辟罪行不举报，应受到同等处罚。

墨子不否认在早期人类社会公权力形成时期，统治者为达成社会价值和社会秩序的尚同使用国家暴力的史实。他意识到"古者圣王为五刑，请以治其民。譬若丝缕之有纪，罔罟之有纲，所连收天下之百姓不尚同其上者也"。但他认为，"凡使民尚同者，爱民不疾，民无可使，曰必疾爱而使之，致信而持之，富贵以道其前，明罚以率其后。为政若此，唯欲毋与我同，将不可得也"②。这就明确地表明，墨子主

---

① 墨子·尚同下.
② 墨子·尚同上.

张的尚同天下之义，以爱民富民为基础，而不主张以强权暴力剥夺来强求尚同。

正是基于尚同立足于爱民富民的原则考量，墨子对国家统治者治国理政规范体系的尚同，提出以下思考：

> 是故子墨子言曰：戒之！慎之！必为天之所欲，而去天之所恶。曰天之所欲者，何也？所恶者，何也？天欲义而恶其不义者也。何以知其然也？曰：义者，正也。何以知义之为正也？天下有义则治，无义则乱，我以此知义之为正也。然而正者，无自下正上者，必自上正下。是故庶人不得次己而为正，有士正之；士不得次己而为正，有大夫正之；大夫不得次己而为正，有诸侯正之；诸侯不得次己而为正，有三公正之；三公不得次己而为正，有天子正之；天子不得次己而为正，有天正之。今天下之士君子，皆明于天子之正天下也，而不明于天之正天子也。是故古者圣人明以此说人，曰：天子有善，天能赏之；天子有过，天能罚之。天子赏罚不当，听狱不中，天下疾病祸福，霜露不时，天子必且犓豢其牛羊犬彘，洁为粢盛酒醴，以祷祠祈福于天，我未尝闻天之祷祈福于天子也。吾以此知天之重且贵于天子也。是故义者，不自愚且贱者出，必自贵且知者出。曰：谁为知？天为知。然则义果自天出也。今天下之士君子之欲为义者，则不可不顺天之意矣。①

---

① 墨子·天志下.

以上论述揭示，墨子认为，首先，治国理政及其具体规范，必须符合并彰显社会正义。因为"天下有义则治，无义则乱"。其次，社会正义的形成和捍卫，从天子到三公再到诸侯乃至大夫及士与庶人，都有责任。第三，社会正义不是以天子意志为转移，而是须顺应客观天意，即"尚同于天"。故"今天下之士君子之欲为义者，则不可不顺天之意矣"①。因此，墨子再三强调："今天下王公大人士君子，中情将欲为仁义，求为上士，上欲中圣王之道，下欲中国家百姓之利，故当尚同之说，而不可不察尚同为政之本，而治要也。"② 尚同效果的检验标准，"上欲中圣王之道，下欲中国家百姓之利"。所以，社会正义及其具体实施规范的尚同，就是治国理政最为根本和最为关键的。

**五、兼爱非攻的社会法治调控思考**

（一）社会乱之源在于人不相爱

墨子经过对社会的观察，认为人类不相爱，是造成社会动乱的根源。他说：

> 圣人以治天下为事者也，不可不察乱之所自起，当察乱何自起？起不相爱。臣子之不孝君父，所谓乱也。子自爱不爱父，故亏父而自利；弟自爱不爱兄，故亏兄而自利；臣自爱不爱君，故

---

① 墨子·天志上.
② 墨子·天志下.

亏君而自利，此所谓乱也。虽父之不慈子，兄之不慈弟，君之不慈臣，此亦天下之所谓乱也。父自爱也不爱子，故亏子而自利；兄自爱也不爱弟，故亏弟而自利；君自爱也不爱臣，故亏臣而自利。是何也？皆起不相爱。虽至天下之为盗贼者亦然，盗爱其室不爱其异室，故窃异室以利其室；贼爱其身不爱人，故贼人以利其身。此何也？皆起不相爱。虽至大夫之相乱家，诸侯之相攻国者亦然。大夫各爱其家，不爱异家，故乱异家以利其家；诸侯各爱其国，不爱异国，故攻异国以利其国，天下之乱物，具此而已矣。察此何自起？皆起不相爱。①

墨子以上论述表明，在所有的伦常关系中，每一个人都不是绝对独立的个体，而是处于社会生活之中的个体。因此社会中的个体在整个社会生活中，是以相对独立又相辅相成的关系维系。君臣、父子、兄弟，如果都只自爱而不相爱，社会稳定的秩序就失去根基，社会动乱就会此起彼伏，愈演愈烈，终至人类社会毁灭。这正是墨子所谓："天下之人皆不相爱，强必执弱，富必侮贫，贵必敖贱，诈必欺愚。凡天下祸篡怨恨，其所以起者，以不相爱生也，是以仁者非之。"② 也就是说，人不相爱，属于反人类的最愚蠢举措，作为人类的聪明圣贤和理性睿智的仁者，都非常清楚地认知并坚决抵制和反对。

从人类相爱与不相爱探索人类社会动乱之源，在先秦时期，只有墨子最为系统地进行理性思辨。尽管墨子并没有从物质层面结合社会

---

① 墨子·兼爱上．
② 墨子·兼爱中．

经济关系，进行更为深入的分析，然就人类相爱与不相爱及其同社会之乱与否分析，这仍显现早期人类认知人性的一种质的飞跃。

（二）全社会爱人才能解决社会动乱

既然认识到人类社会动乱之源起于不相爱，墨子大声疾呼："夫爱人者，人必从而爱之；利人者，人必从而利之；恶人者，人必从而恶之；害人者，人必从而害之。"在墨子生存的社会动乱的春秋战国之交，墨子认为，各国统治者的责任，就是制止攻伐，结束战乱。因此，针对劝谏统治者停止攻伐困难的忧虑，墨子驳斥："此何难之有！特上弗以为政，士不以为行故也。"为达到游说各国统治者停止暴力攻伐的目的，墨子不断申明："仁人之所以为事者，必兴天下之利，除去天下之害，以此为事者也。然则天下之利何也？天下之害何也？子墨子言曰：今若国之与国之相攻，家之与家之相篡，人之与人之相贼，君臣不惠忠，父子不慈孝，兄弟不和调，此则天下之害也。"①

不仅如此，墨子还将人相爱上升为"天意"，以劝谏国家统治者别滥杀无辜。他说："且吾所以知天爱民之厚者，不止此而足矣。曰杀不辜者，天予不祥。不辜者谁也？曰人也。予之不祥者谁也？曰天也。若天不爱民之厚，夫胡说人杀不辜而天予之不祥哉？此吾之所以知天之爱民之厚也。"②

由上述可见，墨子提倡爱人以解决社会动乱的观点，既立足于人性客观存在，又针对时弊，为其进一步解决人类社会动乱的兼相爱交

---

① 墨子·兼爱中.
② 墨子·天志下.

相利理论，埋下了理性思辨的伏笔。

（三）兼爱顺天意，别爱反天意

墨子意识到，既然已经明了爱是人性的自然客观存在，那为什么人们不能发挥人性而解决社会动乱问题呢？其原因就在于每个人受自己利害关系的制约，产生了对于爱人的人性彰显的个体而非社会的意识局限。为了使人们信服爱人理论的正确，墨子深入分析了爱人的不同表现及其后果，提出人类社会的爱人，应当兼爱而反对别爱。他说：

> 且吾所以知天之爱民之厚者，不止此而已矣。曰爱人利人，顺天之意，得天之赏者有之；憎人贼人，反天之意，得天之罚者亦有矣。夫爱人、利人，顺天之意，得天之赏者，谁也？曰：若昔三代圣王，尧、舜、禹、汤、文、武者是也。尧、舜、禹、汤、文、武，焉所从事？曰：从事兼，不从事别。兼者，处大国不攻小国，处大家不乱小家，强不劫弱，众不暴寡，诈不谋愚，贵不傲贱；观其事，上利乎天，中利乎鬼，下利乎人，三利无所不利，是谓天德。聚敛天下之美名而加之焉，曰：此仁也，义也。爱人、利人，顺天之意，得天赏者也。不止此而已，书于竹帛，镂之金石，琢之盘盂，传遗后世子孙，曰：将何以为？将以识夫爱人、利人，顺天之意，得天之赏者也。《皇矣》道之曰：帝谓文王，予怀明德，不大声以色，不长夏以革，不识不知，顺帝之则。①

---

① 墨子·天志下.

从上述分析，墨子从人类社会进化发展中，专门分析治国理政致社会稳定的历史经验，认为三代圣王、尧舜禹汤文武推行兼爱而不从事别爱，"大国不攻小国，处大家不乱小家，强不劫弱，众不暴寡，诈不谋愚，贵不傲贱""上利乎天，中利乎鬼，下利乎人"，被后人誉为"天德"，"书于竹帛，镂之金石，琢之盘盂，传遗后世子孙"，已经成为治国理政的客观规律即"顺帝之则"。

因此，墨子进一步阐释：

> 若使天下兼相爱，爱人若爱其身，犹有不孝者乎？视父兄与君若其身，恶施不孝？犹有不慈者乎？视弟子与臣若其身，恶施不慈？故不孝不慈亡有，犹有盗贼乎？故视人之室若其室，谁窃？视人身若其身，谁贼？故盗贼亡有。犹有大夫之相乱家、诸侯之相攻国者乎？视人家若其家，谁乱？视人国若其国，谁攻？故大夫之相乱家、诸侯之相攻国者亡有。若使天下兼相爱，国与国不相攻，家与家不相乱，盗贼无有，君臣父子皆能孝慈，若此则天下治。故圣人以治天下为事者，恶得不禁恶而劝爱？故天下兼相爱则治，交相恶则乱。故子墨子曰：不可以不劝爱人者，此也。①

由"爱人若爱其身"思辨，遵循"我所爱，兼而爱之；我所利，兼而利之"②的原则治国理政，上天都会护佑，焉有社会不治的道理？有鉴于此，墨子结论道："天下兼相爱则治，交相恶则乱。"

---

① 墨子·兼爱上.
② 墨子·天志上.

值得一提的是，先秦社会意识到兼爱价值的不只是墨子，就连竭力主张宗法等级礼制之爱的儒家，亦在评价墨子兼爱非攻思想时，提出"老吾老以及人之老，幼吾幼以及人之幼"①的兼爱观。只不过从兼爱的本原和实质分析，儒家的兼爱在礼制宗法等级基础上展开，与墨子兼而不别的兼爱，明显有质的区别。

（四）兼相爱交相利是人类社会治国理政最佳法治选择

墨子的兼爱思想，从自然和人类社会历史两方面进行理性的观察考量。通过对自然界人生存的考察，他认为：

> 曰：顺天之意何若？曰：兼爱天下之人。何以知兼爱天下之人也？以兼而食之也。何以知其兼而食之也？自古及今，无有远灵孤夷之国，皆犓豢其牛羊犬彘，洁为粢盛酒醴，以敬祭祀上帝、山川、鬼神，以此知兼而食之也。苟兼而食焉，必兼而爱之。譬之若楚、越之君：今是楚王食于楚之四境之内，故爱楚之人；越王食于越，故爱越之人。今天兼天下而食焉，我以此知其兼爱天下之人也。②

以上即是对兼而食之论证"必兼而爱之"。而对早期华夏社会治国理政历史的总结，墨子意识到：

---

① 孟子·梁惠王上.
② 墨子·天志下.

> 故昔也三代之圣王，尧、舜、禹、汤、文、武之兼爱之天下也。从而利之，移其百姓之意焉，率以敬上帝、山川、鬼神。天以为从其所爱而爱之，从其所利而利之，于是加其赏焉，使之处上位，立为天子以法也，名之曰圣人，以此知赏善之证。是故昔也三代之暴王，桀、纣、幽、厉之兼恶天下也，从而贼之，移其百姓之意焉。率以诟侮上帝、山川、鬼神。天以为不从其所爱而恶之，不从其所利而贼之，于是加其罚焉，使之父子离散，国家灭亡，抎失社稷，忧以及其身，是以天下之庶民属而毁之，业万世子孙继嗣，毁之贲，不之废也，名之曰失王。以此知其罚暴之证。今天下之士君子欲为义者，则不可不顺天之意矣。①

也就是说，墨子将尧舜禹汤文武成功治国理政的原因，归纳为兼爱天下受上天加赏所成；而把夏桀、商纣和周幽王、周厉王治国理政的失败，归结为兼恶天下受上天惩罚所致。

通过以上论证，墨子得出结论，统治者要想效法上天加赏护佑的圣王，不当上天处罚的"失王"，就应当顺天意，实行改革。他明确地指出：

> 既以非之，何以易之？子墨子言曰：以兼相爱交相利之法易之。然则兼相爱交相利之法将奈何哉？子墨子言：视人之国若视其国，视人之家若视其家，视人之身若视其身。是故诸侯相爱则不野战，家主相爱则不相篡，人与人相爱则不相贼，君臣相爱则

---

① 墨子·天志下．

惠忠，父子相爱则慈孝，兄弟相爱则和调。天下之人皆相爱，强不执弱，众不劫寡，富不侮贫，贵不敖贱，诈不欺愚。凡天下祸篡怨恨可使毋起者，以相爱生也，是以仁者誉之。①

兼相爱交相利，按照"爱人若爱己身"思辨，遵循"我所爱，兼而爱之；我所利，兼而利之"的原则治国理政，从根本上消除"天下祸篡怨恨"，有利于人类社会文明进步和人们的福祉。这才是统治者治国理政的关键所在。"是故子墨子言曰：今天下之君子，忠实欲天下之富，而恶其贫；欲天下之治，而恶其乱，当兼相爱，交相利，此圣王之法，天下之治道也，不可不务为也。"② 在此，墨子明确清晰地将兼相爱交相利看作天下之治道，可以经受上天客观检验的治国理政规律，亦即圣王之法。

（五）兼以易别的法制社会调控论

在墨子思想体系中，兼相爱与别相爱，交相利与别相利，是治国理政利害关系最基本的问题。兼与别的治国理政，究竟利在哪里，害在何处？墨子有两段理论进行阐述。其一：

> 子墨子言曰：仁人之事者，必务求兴天下之利，除天下之害。然当今之时，天下之害孰为大？曰：若大国之攻小国也，大家之乱小家也，强之劫弱，众之暴寡，诈之谋愚，贵之敖贱，此天下

---

① 墨子·兼爱中.
② 墨子·天志上.

之害也。又与为人君者之不惠也，臣者之不忠也，父者之不慈也，子者之不孝也，此又天下之害也。又与今人之贱人，执其兵刃、毒药、水、火，以交相亏贼，此又天下之害也。姑尝本原若众害之所自生，此胡自生？此自爱人利人生与？即必曰：非然也，必曰：从恶人贼人生。分名乎天下恶人而贼人者，兼与？别与？即必曰：别也。然即之交别者，果生天下之大害者与？是故别非也。①

从"兴天下之利除天下之害"考量，墨子对于统治者只爱自己和与自己相亲相近的一小部分人而攻伐或剥夺大多数人的别爱，持否定态度，并将人类社会"大国之攻小国也，大家之乱小家也，强之劫弱，众之暴寡，诈之谋愚，贵之敖贱"等促成社会动乱的"罪魁祸首"，归结于别爱。基于此结论，墨子进一步对改正兼别利害关系进行以下思辨：

子墨子曰：非人者必有以易之，若非人而无以易之，譬之犹以水救火也，其说将必无可焉。是故子墨子曰：兼以易别。然即兼之可以易别之故何也？曰：藉为人之国，若为其国，夫谁独举其国以攻人之国者哉？为彼者犹为己也。为人之都，若为其都，夫谁独举其都以伐人之都者哉？为彼犹为己也。为人之家，若为其家，夫谁独举其家以乱人之家者哉？为彼犹为己也，然即国、都不相攻伐，人家不相乱贼，此天下之害与？天下之利与？即必

---

① 墨子·兼爱下.

曰天下之利也。姑尝本原若众利之所自生，此胡自生？此自恶人贼人生与？即必曰非然也，必曰从爱人利人生。分名乎天下爱人而利人者，别与？兼与？即必曰兼也。然即之交兼者，果生天下之大利者与？是故子墨子曰：兼是也。且乡吾本言曰：仁人之事者，必务求兴天下之利，除天下之害。今吾本原兼之所生，天下之大利者也；吾本原别之所生，天下之大害者也。是故子墨子曰：别非而兼是者，出乎若方也。

出于从根本上解决社会动乱的思辨，墨子遵循"我所爱，兼而爱之；我所利，兼而利之"①的理性考量，提出"兼以易别"即以兼爱取代别爱的主张。墨子认为，只有兼爱，只有抵制别爱，才能够解决国与国之间及都与都之间的攻伐，才能够革除人与人之间和家与家之间相贼相害等祸害。在此可见，墨子的兼爱理论，首先立足于己身为利害关系双方主体的考量，以此作为兼以易别思辨的基础和前提。基于此形式思维逻辑，墨子认定："故兼者圣王之道也，王公大人之所以安也，万民衣食之所以足也。故君子莫若审兼而务行之，为人君必惠，为人臣必忠，为人父必慈，为人子必孝，为人兄必友，为人弟必悌。故君子莫若欲为惠君、忠臣、慈父、孝子、友兄、悌弟，当若兼之不可不行也，此圣王之道而万民之大利也。"② 由此又见墨子兼以易别主张指向的是圣王之道，即万民大利的圣王之道。

---

① 墨子·天志上.
② 墨子·兼爱下.

## 六、义利合一基础上尚同的法制社会调控思辨

如前所述,墨子认为:"义者,正也。何以知义之为正也?天下有义则治,无义则乱。我以此知义之为正也。"① 为促使全社会重视社会正义对于人类社会存续发展的价值和作用,墨子予以如下思辨:

> 子墨子曰:万事莫贵于义。今谓人曰:予子冠履,而断子之手足,子为之乎?必不为,何故?则冠履不若手足之贵也。又曰:予子天下而杀子之身,子为之乎?必不为,何故?则天下不若身之贵也。争一言以相杀,是贵义于其身也。故曰:万事莫贵于义也。②

之所以强调"万事莫贵于义",墨子的基本思路在于,"义,利也"③。也就是说,墨子"贵义",以至于将社会正义上升为"天志"(不受人的意志左右的客观规律),其原因就在于遵循"义"能够使人包括统治者最大限度地获利受益。其具体理论如下:

> 所谓贵良宝者,为其可以利人也。而和氏之璧、隋侯之珠、三棘六异,不可以利人,是非天下之良宝也。今用人为政于国家,人民必众,刑政必治,社稷必安,所为贵良宝者,可以利民也。

---

① 墨子·天志下.
② 墨子·贵义.
③ 墨子·经上.

而义可以利人，故曰：义，天下之良宝也。①

以上论述，充分表明墨子的义利观实质。其一，社会正义之"义"，以是否对人类存续发展有利为基础。其二，社会正义之"义"，与人类存续发展之利紧密结合。其三，社会正义之"义"，不仅利人，更"可以利民"。而从利民之"义""利"出发考量统治者治国理政，"子墨子曰：凡言凡动，利于天、鬼、百姓者为之；凡言凡动，害于天、鬼、百姓者舍之。凡言凡动，合于三代圣王尧、舜、禹、汤、文、武者为之；凡言凡动，合于三代暴王桀、纣、幽、厉者舍之"②。这是墨子强调"仁者之事，必务求兴天下之利，除天下之害，将以为法乎天下，利人乎，即为；不利人乎，即止"③的道理所在。

值得注意的是，墨子义利合一的思辨，绝非人个体私利前提下的利弊权衡。他特别推崇过去治国理政中将公利置于私利之上的圣王"谨其言慎其行，精其思虑，索天下隐事遗利。以上事天，则天享其德；下施之万民，万民被其利，终身无已"④。他认为，作为执掌社会公权力的统治者，应"摩顶放踵利天下，为之"。在公利和私利权衡上，只要承担治国理政之责，就必须以"利天下"为己任，"善利天下，不必于己有用"。在国家生死存亡的紧急关头，统治者甚至亦须具备"杀己以利天下，亦为之"的心胸和勇气。⑤

---

① 墨子·耕柱．
② 墨子·贵义．
③ 墨子·非乐上．
④ 墨子·尚贤中．
⑤ 墨子·经上．

基于"天欲人相爱相利不欲人相恶相贼"① 的思考，墨子视人类社会暴力杀戮和暴力攻伐为最大的不利和不义。他说：

> 杀一人谓之不义，必有一死罪矣，若以此说往，杀十人十重不义，必有十死罪矣；杀百人百重不义，必有百死罪矣。当此，天下之君子皆知而非之，谓之不义。今至大为不义攻国，则弗知非，从而誉之，谓之义，情不知其不义也，故书其言以遗后世。若知其不义也，夫奚说书其不义以遗后世哉？今有人于此，少见黑曰黑，多见黑曰白，则以此人不知白黑之辩矣；少尝苦曰苦，多尝苦曰甘，则必以此人为不知甘苦之辩矣。今小为非，则知而非之。大为非攻国，则不知非，从而誉之，谓之义。此可谓知义与不义之辩乎？是以知天下之君子也，辩义与不义之乱也。②

墨子反对暴力、反对攻伐不仅是思想及宣传，也身体力行地运用于社会实践。当齐国统治者将伐鲁时，墨子以"大国之攻小国也，是交相贼也"，游说齐王：

> 子墨子见齐大王曰：今有刀于此，试之人头，猝然断之，可谓利乎？大王曰：利。子墨子曰：多试之人头，猝然断之，可谓利乎？大王曰：利。子墨子曰：刀则利矣，孰将受其不祥？大王曰：刀受其利，试者受其不祥。子墨子曰：并国覆军，贼杀百姓，

---

① 墨子·法仪.
② 墨子·非攻上.

孰将受其不祥？大王俯仰而思之曰：我受其不祥。①

上述史实揭示，墨子通过严密的逻辑分析，指出暴力杀人、攻伐不仅违反社会正义，不利于被施暴的人和国家，而且也不利于自己。正是基于维系和捍卫人类社会正义的思考，墨子特别强调人类社会应当在确立约束人们行为的规范体系及其制度时，须将其落实为具体的规矩。故"子墨子曰：天下从事者不可以无法仪，无法仪而其事能成者无有也。虽至士之为将相者，皆有法，虽至百工从事者，亦皆有法，百工为方以矩，为圆以规，直以绳，正以县。无巧工不巧工，皆以此五者为法。巧者能中之，不巧者虽不能中，放依以从事，犹逾己。故百工从事，皆有法所度。今大者治天下，其次治大国，而无法所度，此不若百工，辩也"②。

既然行为规范及其制度体系，对引导和约束人们的行为不可或缺，那在认识和遵守行为规范及其制度方面达成统一，也就是尚同，就十分重要。所以，墨子认识到："古者国君诸侯之闻见善与不善也，皆驰驱以告天子，是以赏当贤，罚当暴，不杀不辜，不失有罪，则此尚同之功也。""是故子墨子曰：今天下之王公大人士君子，请将欲富其国家，众其人民，治其刑政，定其社稷，当若尚同之不可不察，此之本也。"③

综括上述，在义利合一基础上，提出"万事莫贵于义"的主张，

---

① 墨子·鲁问.
② 墨子·法仪.
③ 墨子·尚同中.

彰显"墨子泛爱兼利而非斗"① 思想的内在本质。从利民利天下同时有利于统治者的思辨出发，墨子强调社会正义及其具体规范与制度的尚同。正是基于义利合一顺应客观自然的规律的认知②，墨子将社会正义的维系和捍卫提到相当的高度宣传，以至于上自国家王朝、下至基层，各级治国理政和社会调控的法制政策，墨子亦主张按照"不义不富，不义不贵，不义不亲，不义不近"③ 的原则，统一规范。由此足见墨子义利合一且奉"义"为"天意"的原因所在。④

## 七、"法不仁，不可以为法"的法治观

究竟尚同于天的国家法制及其规范如何把握，墨子通过对既有人类社会治国理政历史经验教训的考察，意识到："法不仁，不可以为法。"⑤ 墨子之所以得出此结论，其精辟的论证逻辑如下：

> 故天子者，天下之穷贵也，天下之穷富也。故于富且贵者，当天意而不可不顺。顺天意者，兼相爱，交相利，必得赏；反天意者，别相恶，交相贼，必得罚。然则是谁顺天意而得赏者？谁反天意而得罚者？子墨子言曰：昔三代圣王，禹、汤、文、武，此顺天意而得赏也。昔三代之暴王，桀、纣、幽、厉，此反天意

---

① 庄子·天下.
② 蔡元培. 中国伦理学史［M］. 北京：商务印书馆，1999.
③ 墨子·尚贤.
④ 《墨子·天志中》："然则孰为贵？孰为知？曰：天为贵，天为知而已矣，然则义果自天出矣。"
⑤ 墨子·法仪.

而得罚者也。然则禹、汤、文、武，其得赏者何以也？子墨子言曰：其事上尊天，中事鬼神，下爱人，故天意曰：此之我所爱，兼而爱之；我所利，兼而利之。爱人者此为博焉，利人者此为厚焉。故使贵为天子，富有天下，业万世子孙，传称其善，方施天下，至今称之，谓之圣王。然则桀、纣、幽、厉，得其罚何以也？子墨子言曰：其事上诟天，中诟鬼，下贼人，故天意曰：此之我所爱，别而恶之；我所利，交而贼之。恶人者，此为之博也；贱人者，此为之厚也。故使不得终其寿，不殁其世，至今毁之，谓之暴王。①

以上论述逻辑揭示，针对国家最高统治者"天子"执掌公权力治国理政的法治合法性，墨子从仁与不仁，提出衡量、判别和检验的理论。其关于法仁与不仁的衡量判断及检验标准主要有三：第一，"顺天意者，兼相爱，交相利"，合乎仁法；"反天意者，别相恶，交相贼"，属于不仁之法。第二，"昔三代圣王，禹、汤、文、武，此顺天意而得赏也"，可归于仁法；"昔三代之暴王，桀、纣、幽、厉，此反天意"，则归于不仁之法。第三，按照"我所爱，兼而爱之；我所利，兼而利之"的原则制定并实施的法，就可认定为仁法；而统治者按照"我所爱，别而恶之；我所利，交而贼之"的原则实行的法，即是典型的不仁之法。

按照兼相爱交相利始为仁法的思维逻辑，墨子反对在立法和法律实施中有任何偏袒天子宗亲或天子爱好族群的内容或成分，他申明：

---

① 墨子·天志上.

"故古之圣王之治天下也，其所富，其所贵，未必王公大人骨肉之亲、无故富贵、面目美好者也。是故昔者尧之举舜也，汤之举伊尹也，武丁之举傅说也，岂以为骨肉之亲、无故富贵、面目美好者哉？惟法其言，用其谋，行其道，上可而利天，中可而利鬼，下可而利人，是故推而上之。"①

基于国家统治者必须建立且实施仁法的思辨考量，墨子提出以践诺为核心的三本原则，"是以必为置三本。何谓三本？曰爵位不高则民不敬也，蓄禄不厚则民不信也，政令不断则民不畏也"②。以此落实"仁法"之治。

**八、治国理政尚贤的法治理论**

在先秦社会，孔孟、法家和墨子都有任贤的主张。与孔孟宗法等级道德任贤及法家奖励耕战的功利任贤使能思想不同，墨子的尚贤理论，既非儒家宗法礼制礼教的任贤，也非法家急功近利的任贤。虽然墨子反复强调："故虽有贤君，不爱无功之臣，虽有慈父，不爱无益之子。是故不胜其任而处其位，非此位之人也；不胜其爵而处其禄，非此禄之主也。"③ 这表面看似与法家"使有能而赏必行"的任贤思想相近，但通读墨子尚贤理论，其尚贤兼相爱交相利且无等级无贵贱顺天意的呼吁，又明显与法家任贤使能主张有质的区别。

---

① 墨子·尚贤下.
② 墨子·尚贤中.
③ 墨子·亲士.

## (一) 贤与不贤的《所染》之辩

对于天下治国理政所依靠的人才,墨子通过历史经验的观察和历史教训的总结,特别进行了研究。他说:

> 舜染于许由、伯阳,禹染于皋陶、伯益,汤染于伊尹、仲虺,武王染于太公、周公。此四王者所染当,故王天下,立为天子,功名蔽天地。举天下之仁义显人,必称此四王者。夏桀染于干辛、推哆,殷纣染于崇侯、恶来,厉王染于厉公长父、荣夷终,幽王染于傅公夷、蔡公谷。此四王者,所染不当,故国残身死,为天下僇。举天下不义辱人,必称此四王者。齐桓染于管仲、鲍叔,晋文染于舅犯、高偃,楚庄染于孙叔、沈尹,吴阖闾染于伍员、文义,越勾践染于范蠡、大夫种。此五君者所染当,故霸诸侯,功名传于后世。范吉射染于长柳朔、王胜,中行寅染于籍秦、高强,吴夫差染于王孙雒、太宰嚭,知伯摇染于智国、张武,中山尚染于魏义、偃长,宋康染于唐鞅、佃不礼。此六君者所染不当,故国家残亡,身为刑戮,宗庙破灭,绝无后类,君臣离散,民人流亡,举天下之贪暴苛扰者,必称此六君也。凡君之所以安者何也?以其行理也,行理性于染当。故善为君者,劳于论人,而佚于治官。不能为君者,伤形费神,愁心劳意,然国逾危,身逾辱。此六君者,非不重其国爱其身也,以不知要故也。不知要者,所染不当也。诗曰:必择所堪。必谨所堪者,此之谓也。①

---

① 墨子·所染.

墨子《所染》专篇，借鉴历史上的经验教训，强调君主国王治国理政，在依靠大臣子或属下助手方面，应当十分重视。作为国王君主，与其任用的大臣等助手之间，客观上形成互相影响的关系，也就是后世总结并传承的"近朱者赤，近墨者黑"①的道理。上述舜夏禹商汤周武，因任用许由、伯阳、皋陶、伯益、伊尹、仲虺等，"故王天下"；夏桀、殷纣、周厉王及周幽王，亦因任用傅公夷、蔡公谷、干辛、推哆、崇侯、恶来、厉公长父以及荣夷等，"故国残身死，为天下僇"。这两种结果，都与最高统治者用不同的人辅佐自己治国理政有着直接因果关系。因此，墨子特总结归纳其中历史教训，以警示统治者用人辅佐治国理政注意的问题，并冀望现世及后世统治者勿重蹈任用恶人治国理政以致"国残身死"的覆辙。基于此理性思辨，墨子从系统规范治国理政考量，提出法治尚贤主张。

(二) 贵知上愚贱下的尚贤主张

在从治国理政决策到具体实施各环节执行人才的选用问题上，墨子基于社会正义维系的原则，认为："义不从愚且贱者出，必自贵且知者出。是故子墨子言曰：得意贤士不可不举，不得意贤士不可不举，尚欲祖述尧舜禹汤之道，将不可以不尚贤。夫尚贤者，政之本也。"②墨子之所以提出举贤任能主张，其理由于以下论述强调：

何以知义之不从愚且贱者出，而必自贵且知者出也？曰：义

---

① （晋）傅玄：太子少傅箴.
② 墨子·尚贤上.

者，善政也。何以知义之为善政也？曰：天下有义则治，无义则乱，是以知义之为善政也。夫愚且贱者，不得为政乎贵且知者，然后得为政乎愚且贱者。此吾所以知义之不从愚且贱者出，而必自贵且知者出也。①

也就是说，墨子对于治国理政从决策到实施人才的任用，归根到底是依据能否落实并维系社会正义。若"为政乎愚且贱者"，不能觉悟社会正义对维系社会安全良善的重要性，势必导致社会动乱，因此，只有能够自觉领悟社会正义对于人类社会文明进步发展的意义和价值的人，才能真正担当起治国理政的责任，才能够防止人类社会公权力的运用导致社会动乱的问题出现。

（三）公正尚贤之为政本的法治思辨

必须指出，墨子"贵且知者"上而"愚且贱者"下的尚贤呼吁，绝非儒家宗法等级理论的再版，而是对体现社会正义观的公正尚贤的法治思辨的考量。他从两个方面强调公正尚贤：其一，墨子深谙官吏任用考核奖惩之难，予以以下论述：

> 故古者圣王甚尊尚贤而任使能，不党父兄，不偏贵富，不嬖颜色。贤者举而上之，富而贵之，以为官长；不肖者抑而废之，贫而贱之以为徒役。是以民皆劝其赏，畏其罚，相率而为贤者，以贤者众而不肖者寡，此谓进贤。然后圣人听其言，迹其行，察

---

① 墨子·天志中．

其所能而慎予官，此谓事能。故可使治国者使治国，可使长官者使长官，可使治邑者使治邑。凡所使治国家、官府、邑里，此皆国之贤者也。

上述论及，作为治国理政的国家统治者，尊贤、尚贤"不党父兄，不偏贵富，不嬖颜色"，这是墨子兼爱交利思想和尚同思想在选任官吏方面的具体思考。对已经按照选用标准任用的官吏，则须"举而上之，富而贵之"，即保障其履职待遇，包括政治待遇、社会待遇和经济待遇。同时，国家形成鼓励社会进贤的制度，即推荐优秀人才担负治国理政之责。此外，人尽其才，"可使治国者使治国，可使长官者使长官、可使治邑者使治邑"。最终，尚贤法治要达到"凡所使治国家，官府，邑里，此皆国之贤者也"。在尚贤法治状态和环境条件下，"贤者之治国也，蚤朝晏退，听狱治政，是以国家治而刑法正"[①]。由此展开分析，墨子治国理政的法治尚贤思想，就是要促成实现社会正义秩序得以存续的人类的文明进步发展。正是基于这样的理性思辨，"是故子墨子言曰：得意贤士不可不举，不得意贤士不可不举，尚欲祖述尧舜禹汤之道，将不可以不尚贤。夫尚贤者，政之本也"[②]。

其二，墨子就如何尚贤、进贤以及考核，进行了更为具体的论述。他说：

---

① 墨子·尚贤中.
② 墨子·尚贤上.

故古者圣王之为政，列德而尚贤，虽在农与工肆之人，有能则举之，高予之爵，重予之禄，任之以事，断予之令，曰：爵位不高则民弗敬，蓄禄不厚则民不信，政令不断则民不畏。举三者授之贤者，非为贤赐也，欲其事之成。故当是时，以德就列，以官服事，以劳殿赏，量功而分禄。故官无常贵，而民无终贱，有能则举之，无能则下之，举公义，辟私怨，此若言之谓也。①

以上表述清楚地表明，第一，墨子关于贵贱和知愚的区分，并不以出身、行业为判别标准，而是以能力为根据，"民无终贱，有能则举之"，所以"虽在农与工肆之人，有能则举之"。第二，对选贤任能而任用之人，不管任用前身份高低和行业贵贱，一经任用，一律"高予之爵，重予之禄，任之以事"，即对于有能力的任用职官，社会地位予以提高；任职薪俸及物质待遇给予充分保障；所司职的职权予以支撑。第三，任用职官不是赏赐，只要被选任，就要考课其是否担当成事。第四，被国家任用的职官，实行"以德就列，以官服事，以劳殿赏，量功而分禄"的原则考核奖惩。也就是说，对任用职官的考核，要依据其道德品行的高下予以相应的排序，又要依照其政绩大小考核，根据其任职勤劳程度给予相应奖赏，并衡量其治国理政功绩施行相应的薪俸待遇。第五，被国家任用的职官，按照"官无常贵，而民无终贱，有能则举之，无能则下之"原则升降罢免。第六，对于治国理政各级官吏的考核，"举公议，辟私怨"，即杜绝以私怨，从维系社会正义大局和全局考量官吏政绩好坏。

---

① 墨子·尚贤中．

由上述可以看出，墨子尚贤、进贤和用贤，立足于有能则举无能则下的基础上展开，已有较为深入的法治思辨。

**九、节用节葬的法制俭政思想**

先秦社会，华夏大地自然农耕文明已有较大发展，自给自足的经济有了丰富的物资支撑。但随着生产生活水平的稳定，上自国家统治者，下至士大夫，奢靡和铺张浪费之风愈演愈烈。墨子通过考察总结历史经验，遵循"天下贫，则从事乎富之；人民寡，则从事乎众之；众而乱，则从事乎治之"①的治国理政指导思想，得出"俭节则昌，淫佚则亡"②的规律性认知结论，主张俭政，并为如何有效地法制俭政进行思辨。

（一）"圣王不为乐"的非乐主张

乐是人类通过声音、舞蹈和戏曲等艺术表现社会风貌的意识交流互动形式。其起源早于语言。③自殷商始，乐的表演被固定为治国理政的大事，无论外交还是内政，均有不同规格、不同排场、不同形式以表现不同内容的乐，发挥着维系社会等级控制的作用。周初，周公制礼作乐，全面继承殷商风雅颂成果，与宗法血缘等级的礼制有机结合，完成了礼乐合一的重大工程，使得礼制礼教礼仪有乐的表现形式

---

① 墨子·节葬下.
② 墨子·辞过.
③ 通过声音传递信息，号令族群，为灵长类动物存续共有之技能。相传炎黄时，有伶伦创作成形音乐，后又有伏羲、神农发展，加以各种具有针对性内容的表演编排，形成乐，遂为当时部落联盟征召并号令天下的一种方式。

制度化支撑，但也使得乐成为上自王朝、下至士大夫甚至百姓，无论国事还是家事都无法摆脱的沉重负担。墨子总结历史经验，与主张以乐为治的公孟子展开辩论。史载：

> 子墨子谓公孟子曰：丧礼，君与父母、妻、后子死，三年丧服；伯父、叔父、兄弟期；族人五月；姑、姊、舅、甥有数月之丧。或以不丧之间，诵《诗》三百，弦《诗》三百，歌《诗》三百，舞《诗》三百。若用子之言，则君子何日以听治？庶人何日以从事？公孟子曰：国乱则治之，国治则为礼乐；国治则从事，国富则为礼乐。子墨子曰：国之治，治之废，则国之治亦废。国之富也，从事故富也；从事废，则国之富亦废。故虽治国，劝之无餍，然后可也。今子曰，国治则为礼乐，乱则治之，是譬犹噎而穿井也，死而求医也。古者三代暴王桀、纣、幽、厉，薾为声乐，不顾其民，是以身为刑戮，国为戾虚者，皆从此道也。①

由以上论辩可见，墨子对丧礼的烦琐和不丧期间大兴诵诗、弦诗、歌诗乃至舞诗的行乐，予以尖锐抨击，指出公孟子如此鼓吹礼乐治国，实际上只会带来"君子何日以听治？庶人何日以从事？"的后果。墨子认为，治国理政被礼乐取代，以礼乐取代富国的措施，就好比噎住以后才凿井取水和死亡之后才求医一样荒唐。历史上三代暴君夏桀、商纣和周幽王及周厉王，就是"薾为声乐，不顾百姓"，终至身亡国败。使国家劳民伤财、积贫积弱的，正是礼乐治国理论。因此，墨子

---

① 墨子·公孟.

对以乐治国持坚决且明确的反对态度,他从治国理政的高度强调:"圣王不为乐……乐非所以治天下也。"①

(二) 法治节用

通过对历史上治国理政经验的认真总结和反思,墨子认为:"圣人为政一国,一国可倍也;大之为政天下,天下可倍也。其倍之非外取地也,因其国家,去其无用之费,足以倍之。圣王为政,其发令兴事,使民用财也,无不加用而为者,是故用财不费,民德不劳,其兴利多矣。"② 也就是说,墨子对于治国理政与国家财用的关系,有了比较深入且理性的思考,并梳理出治国理政必须合理地安排财用,而辩证合理地财用则反过来检验治国理政是否合理的辩证关系。他认为:

> 今天下为政者,其所以寡人之道多,其使民劳,其籍敛厚,民财不足,冻饿死者不可胜数也。且大人惟毋兴师以攻伐邻国,久者终年,速者数月,男女久不相见,此所以寡人之道也。与居处不安,饮食不时,作疾病死者,有与侵就伏橐,攻城野战死者,不可胜数。此不令为政者,所以寡人之道数术而起与?圣人为政特无此,不圣人为政,其所以众人之道亦数术而起与?故子墨子曰:去无用之费,圣王之道,天下之大利也。③

墨子上述之"寡人之道",实指得不到民众支持的治国理政。为

---

① 墨子·三辩.
② 墨子·节用上.
③ 墨子·节用上.

何得不到民众支持,直接的原因就是劳民伤财,致使民不聊生,使得国家在诸侯国攻伐争霸之际得不到民众支持,无法存续下来。而要从根本上及时解决这样的问题,为政者就必须"去无用之费",遵循治国理政节用的客观规律,走促使"天下之大利"的"圣王之道"。

正是在将废除劳民伤财的"无用之费"视作"天下大利"为治国理政合理财用"圣王之道"的认知基础上,墨子明确"是故古者圣王制为节用之法,曰:凡天下群百工,轮车鞼匏、陶冶梓匠,使各从事其所能;曰:凡足以奉给民用,则止。诸加费不加于民利者,圣王弗为"①。墨子的"节用之法",既含有遵循客观规律之深意,更赋予以国家法律对国家财用加以规范的思想。其具体立法指导原则有三。

第一,形成大力发展和支持并保障"天下群百工"的法治机制,"使各从事其所能",以增加国家财用。

第二,国家财用立法,必须围绕在"奉给民用"的范围内,并以基本满足为限度。这种限度就是"足以奉给,则止",也就是以不浪费为原则。

第三,国家法制对于税赋的征收,以是否有利于民众生产生活为原则取舍,这就要求废除不利于民众生产生活的一切税赋,即"诸加费不加于民利者",都是合理合法治国理政者必须禁止的。

(三) 以圣王之法规范节葬

自祖先崇拜被确定为宗法等级统治最佳意识形态控制方式以后,经西周制礼作乐之固定,华夏大地厚葬久丧之风愈演愈烈。墨子针对

---

① 墨子·节用中.

当时厚葬久丧盛行的社会现象，提出质疑：

> 是故子墨子曰：乡者，吾本言曰：意亦使法其言，用其谋，计厚葬久丧，请可以富贫、众寡、定危、治乱乎？则仁也，义也，孝子之事也！为人谋者，不可不劝也；意亦使法其言，用其谋，若人厚葬久丧，实不可以富贫、众寡、定危、治乱乎？则非仁也，非义也，非孝子之事也！为人谋者，不可不沮也。是故求以富国家，甚得贫焉；欲以众人民，甚得寡焉；欲以治刑政，甚得乱焉；求以禁止大国之攻小国也，而既已不可矣；欲以干上帝鬼神之福，又得祸焉。上稽之尧、舜、禹、汤、文、武之道，而政逆之；下稽之桀、纣、幽、厉之事，犹合节也。若以此观，则厚葬久丧，其非圣王之道也。①

由上可见，墨子对于丧葬之社会问题，并非局限于祖先崇拜和宗法血缘等级调控的思想约束，而是跳出宗法和祖先崇拜来进行思辨。他从能否"富贫、众寡、定危、治乱"四个方面来辨析厚葬久丧的利弊，首先尖锐地批判鼓吹统治者实行久丧厚葬的谋士，打着仁义孝的旗号，"实不可以富贫、众寡、定危、治乱乎？则非仁也，非义也，非孝子之事也"。因为厚葬久丧，"求以富国家，甚得贫焉；欲以众人民，甚得寡焉；欲以治刑政，甚得乱焉；求以禁止大国之攻小国也，而既已不可矣"。所以，按照墨子理论逻辑，厚葬久丧是对国家富强、整合民众、治国安邦适得其反的举措，不管打着多么仁义孝的名义，

---

① 墨子·节用下.

都改变不了其祸害国民的实质。

厚葬久丧,在历史上所有清醒明智的统治者如"尧、舜、禹、汤、文、武"时代,都被看作不利于治国理政的"逆政",而加以遏制;而在"桀、纣、幽、厉"执政时代,都被统治者作为治国理政的"合节"政治,而大肆推行。因此,"厚葬久丧,其非圣王之道也"。

那么,如何合理合法地解决社会丧葬问题?墨子吸取历史经验,认为"今天下之士君子,中请将欲为仁义,求为上士,上欲中圣王之道,下欲中国家百姓之利,故当若节丧之为政,而不可不察此者也"。基于理性思辨,墨子提出以下规范丧葬的法制方案:

> 故古圣王制为葬埋之法,曰:棺三寸,足以朽体,衣衾三领,足以覆恶。以及其葬也,下毋及泉,上毋通臭,垄若参耕之亩,则止矣。死者既以葬矣,生者必无久哭,而疾而从事,人为其所能,以交相利也。此圣王之法也。①

一方面,墨子认为,统治者有必要统一规范"葬埋之法"。其具体规范包括:其一,埋葬死者的棺椁不能太大太长,以"足以朽体"为限。其二,陪葬死者的衣衾,② 最多不超过三领,以"足以覆恶"为限。其三,葬埋死者之墓地,不能太过占地,"下毋及泉,上毋通臭,垄若参耕之亩,则止矣"。也就是说,墓葬最下底不要深达有水的位置,最上面不能使尸体散发出臭味,坟地所占最多"参耕之亩",

---

① 墨子·节葬下.
② 衣衾,此处指装殓死者的衣服与单被。《管子·禁藏》:"棺椁足以朽骨,衣衾足以朽肉。"《孝经·丧亲》:"为之棺椁衣衾而举之。"

也就是一亩地。

另一方面，办丧事之规范，墨子认为不宜让生者久哭，应"疾而从事"，使生者"人为其所能"，即力所能及地办理丧事，尽快地从事其正常的生产生活。这也是墨子交相利思想在生死利害关系上的理性考量之体现，正是基于节俭处理丧葬的法制规范思辨，"故曰子墨子之法，不失死生之利者，此也"①。

必须特别指出的是，墨子关于理性规范社会丧葬行为的方案，没有掺杂一星半点宗法等级或其他等级的内容，这与其一贯的兼相爱交相利不考虑等级调控因素的思想，具有逻辑上的高度一致性，也从侧面证明墨子社会调控和治国理政思想的平等观。这在先秦乃至整个中国古代社会发展史上，不仅难能可贵，更能证明我中华民族并非没有科学理性之平等思维。

**十、墨子法治思想之评价**

在中国古代思想史上，对客观外部世界的认识和敬畏，没有任何一个思想流派或思想家超越墨子。墨子敬天畏鬼的理论和学说，不管后人如何评析，都不能否定其遵循客观及其规律的本质。在遵循客观的敬天畏鬼基础上，墨子的思想沿着实证的逻辑道路，对客观外部世界和人类社会的规律展开方方面面的探索，在先秦时期形成独特的理论体系。

基于科学实证的理性思辨，墨子对同时期盛行的儒家思想和学

---

① 墨子·节葬下.

说，进行了针锋相对的批判。墨子非儒，基本见诸于三端辩论。其一：

> 子墨子谓程子曰：儒之道足以丧天下者四政焉。儒以天为不明，以鬼为不神，天、鬼不说，此足以丧天下。又厚葬久丧，重为棺椁，多为衣衾，送死若徙，三年哭泣，扶后起，杖后行，耳无闻，目无见，此足以丧天下。又弦歌鼓舞，习为声乐，此足以丧天下。又以命为有，贫富寿夭，治乱安危有极矣，不可损益也。为上者行之，必不听治矣；为下者行之，必不从事矣。此足以丧天下。程子曰：甚矣，先生之毁儒也。子墨子曰：儒固无此若四政者，而我言之，则是毁也。今儒固有此四政者，而我言之，则非毁也，告闻也。程子无辞而出。子墨子曰：迷之！反，后坐。进复曰：乡者先生之言有可闻者焉。若先生之言，则是不誉禹，不毁桀、纣也。子墨子曰：不然。夫应孰辞，称议而为之，敏也。厚攻则厚吾，薄攻则薄吾。应孰辞而称议，是犹荷辕而击蛾也。

以上内容清楚地表明，在儒学主张不敬天畏鬼、大兴厚葬和礼乐以及宣扬宿命四个方面，墨子认为对治国理政不利。其二：

> 告子谓子墨子曰：我治国为政。子墨子曰：政者，口言之，身必行之。今子口言之，而身不行，是子之身乱也。子不能治子之身，恶能治国政？子姑亡，子之身乱之矣！①

---

① 墨子·公孟．

此段论述中，墨子尖锐地批判儒学言行背离的弊端，指出治国理政不仅要公开自己的主张，更要身体力行，言行相应。其三：

> 公孟子谓子墨子曰：昔者圣王之列也，上圣立为天子，其次立为卿大夫。今孔子博于《诗》《书》，察于礼乐，详于万物，若使孔子当圣王，则岂不以孔子为天子哉！子墨子曰：夫知者，必尊天事鬼，爱人节用，合焉为知矣。今子曰孔子博于《诗》《书》，察于礼乐，详于万物，而曰可以为天子，是数人之齿，而以为富。

从以上论辩可见，墨子对于"孔子博于《诗》《书》，察于礼乐，详于万物，而曰可以为天子"，持明确的反对态度，认为这样的推理，如同人主观计算数量刻度就觉得实现了富裕一样，与现实社会实际脱节。也就是说，墨子已经清醒地认识到，儒家理论和学说重标榜而不求实证，重伦理说教而轻身体力行。特别难能可贵的是，墨子对孔子学说的评判，基本是恪守理性思辨。史载：

> 子墨子与程子辩，称于孔子。程子曰："非儒，何故称于孔子也？"子墨子曰："是亦当而不可易者也。今鸟闻热旱之忧则高，鱼闻热旱之忧则下，当此，虽禹、汤为之谋，必不能易矣。鸟鱼可谓愚矣，禹、汤犹云因焉。今翟曾无称于孔子乎？"[①]

---

① 墨子·公孟.

由此已见，墨子对待孔子，在辩论时不是一味地否定和诋毁。这与孟子一语中的、故意辱骂墨子"无君无父，是禽兽也"①，形成鲜明对照。汉武帝"罢黜百家，独尊儒术"之后，历代封建专制统治者之所以全面压制和屏蔽墨子思想，也正是囿于墨子抵制宗法等级礼制礼教的"无君无父"。

正是基于遵循并敬畏客观外部世界作为人类科学理性思辨最基本前提或基础的评判原则，墨子思想在中华民族历史上，从未绝迹。民间学习传承墨子思想学说，在社会发展进化过程中，特别是在社会矛盾尖锐，民族存亡之际，为国人抉择反思提供支撑。清末民初，国人智识阶层，在吸收引进西方先进文化的同时，又一次关注墨子思想和理论。当时一代大儒梁启超，在研究墨子思想理论之后，曾结论性感叹："假使今日中国有墨子，则中国可救。"② 孙中山确信："有时候最讲'爱'字的莫过于墨子，墨子所讲的兼爱与耶稣所讲的博爱是一样。"③ 蔡元培亦宣称："先秦唯子墨子颇治科学。"④ 胡适甚至认为："墨子也许是中国出现过的最伟大人物，是伟大的科学家、逻辑学家和哲学家。在整个中国思想史上，为中国贡献了逻辑方法的最系统的发达学说。"⑤ 毛泽东认定："墨子是一个劳动者，他不做官，但他是比孔子高明的圣人。"鲁迅认为："墨子是'中国的脊梁'，传奇式的

---

① 孟子·滕文公上.
② 梁启超. "子墨子学说"，又名"墨子微". 载新民丛报［N］. 1904-6—1904-12. 49-58. 并收入（分类精校）饮冰室合集.
③ 孙中山. 孙中山全集（第九卷）［M］. 北京：中华书局，1986：244.
④ 蔡元培. 中国伦理学史［M］. 民国学术经典丛书，北京：中国社会科学出版社，2008.
⑤ 胡适. 中国哲学史大纲［M］. 北京：商务印书馆，2011.

伟大英雄。"①"五四"以来一直致力于马克思主义哲学研究的杨向奎强调:"一部《墨经》,无论在自然科学哪一个方面,都超过整个希腊,至少等于整个希腊。"②而季羡林先生系统深入地研究墨子思想后,确信并坚持认为:"墨子在人类文明史上,代表了一个时代的高度。他在哲学、教育、科学、逻辑、军事防御工程等许多领域,都有杰出的贡献,是一位伟大的平民圣人。"③蔡尚思经过系统研究后宣称:"墨子的大部分思想与精神,在中国思想文化史上是无比伟大的,中国出了一个墨子,是最值得中国人骄傲的!"④

有鉴于以上先贤先哲的真知灼见,笔者通过对墨子思想中治国理政和社会调控的系统理论分析认为,墨子对世界和社会的认知,立足于科学理性思辨,在遵循客观的"天"的基础上,深刻分析历史上治国理政经验,认真反思并吸取其教训,从义利相交及兼爱的社会秩序考量,形成了科学的人类社会法治思辨体系,为我们构建新型现代化法治理论体系,科学理性推进现代化法治实践,留下了非常宝贵的智识遗产,值得我们珍惜。科学借鉴其法治思想,对我们今天及今后提升新型社会全方面文明进步而开展的法治理论及其法治实践,有百利而无一害。

---

① 鲁迅.中国人失掉自信力了吗.选自:鲁迅全集:第六卷[M].且介亭杂文.北京:人民文学出版社,1981.
② "杨向奎教授的讲话",张之寒主编.墨子研究论丛(一)[M].济南:山东大学出版社,1991.
③ 参见季羡林先生1992年6月7日与中国墨子学会负责人谈话记录。
④ 蔡尚思.中国古代学术思想史论[M].上海:上海古籍出版社,2013.

第四章

# 古代中西法治观的启迪与借鉴

从前述古希腊、古罗马及中国先秦法治观演进的史实可以看到，在法、法律、法治等诸多问题上，中国先秦社会与西方古希腊、古罗马社会既有相同认知，也有相异理解。王道思想与墨子的理论，不管多么卑微，都足证中华民族先贤先哲在治国理政基础上，有了遵循自然的系统理性的思辨。特别是墨子从敬仰客观天志展开的以义利合一、兼爱交利和非攻为核心的法治思辨，在许多方面呈现出与古希腊先贤先哲近似的真理闪光，为我辈族群作为人类而不是人类的另类，奠定了坚实的论据基础。在此，特别要申明的是，对于中国古代史实的探索，愚非墨家、道家信徒，更非儒教法统弟子。在求学道路上，愚只敬仰、信奉并追求遵循客观规律的科学真理，实事求是。诸如中华传统学术大师惯用的先入为主分派别类之"正统"的定性，愚不敢效仿，并坚决反对和抵制。

愚之所以提出王道思想、墨子理论作为中华民族早期法治思辨遗产，一是其思想理论本身系时间一维性之历史真实毋庸打压和篡改；二是其思想理论蕴含我祖先追求科学真理的成分，是中华民族追求科学真理的历史遗产。愚只是通过分析比较认为，王道思想和墨子思想中蕴含法治思维及其深刻总结历史经验教训的实证分析思辨，这在先秦九流十家中，尤其难能可贵。

纵观古希腊、古罗马法治思想自古希腊发端至今延绵不断、生机勃勃的发展演进史，中国法治思想演进出现了长达两千多年的压抑和阻断。直至鸦片战争后，出于救亡图存的需要，中国开始了全盘引入西方法治思想及其理论的近代化。

有鉴以上，如何从中获得启迪和借鉴以构建当下及今后中国社会文明进步发展的法治理论体系促进法治社会实践，愚研究以为，须在科学理性辨析中西法治观异同基础上，遵循人类科学认知客观规律，结合国情实际和人类社会文明进步发展大势，按照优胜劣汰之进化要求，展开探索。

## 第一节　古代中西法治观哲学智慧的借鉴与启迪

### 一、中西围绕社会正义实现展开的法治观可资启迪与借鉴

与西方法治思想自古希腊发端至今延绵不断、生机勃勃的发展演进史明显不同，中国先秦法治思想演进出现了长达两千多年的压抑和阻断。直至鸦片战争后，出于救亡图存的需要，中国开始引入西方法治思想及其理论的近代化。

在法治哲学观念上，古希腊智者的思辨，不仅仅是把人们的思想从荷马时代的神性，带到了自然本性的人性境界，而且围绕群体、城邦、国家的社会调控和治国理政，展开了深入的讨论和论辩。特别是围绕社会正义和实现正义的法治状态的论辩，无论怎么比较分析，都达到一个新的高度，实现了质变和飞跃。其中基于社会正义思辨展开的关于有无法治状态的利弊分析，以及人类为什么选择法治的理由思辨，对后世古希腊三杰的理性思辨，对西方中世纪宗教思维及近代思想的启蒙，乃至今天人类的学术探索，均具有重大的启迪和借鉴价值。

### 二、对法治的基本含义有所共识

通过历史演进的梳理和互相参照比较，上古中西法治观对法治的基本概念、本质和特征，有了趋于一致的认知。

其一，古代中西先贤先哲都意识到法律无一例外地适用于社会全体成员。古希腊亚里士多德关于法律的普遍遵守的思辨，西周箕子"无偏无党"的王道考量，都明确法治普遍约束全社会的本意。亚氏把国王是法律仆人而非法律是国王仆人，作为法治而非人治的判别思维；墨子关于社会所有成员平等兼爱、交利和非攻的论述，正是立足于社会平等基础上展开的智慧结晶。孔子主张"己所不欲，勿施于人"，孟子强调"老吾老以及人之老，幼吾幼以及人之幼"，虽然也包含普遍对待的意识，但结合其构建和维系宗法等级礼制礼教的理论体系鉴别，并没有法治平等无例外地适用于全社会的思想成分。这也是愚对传统文化史实检讨后，发现的中国历史上法治观于统治者"罢黜百家、独尊儒术"即断代的原因。

其二，无一例外约束社会全体成员言行的法律，本身应是能够持续给全社会全人类带来福祉的法律。古代中西法治观，都对此有深刻的省悟。亚氏的"良法"理论，墨子的"法不仁不可以为法"思辨，都把法律制定实施的目的，集中对焦在持续维护全社会全人类的福祉上面。进而，围绕是否能够达到此目的，中西古代先贤先哲经过深入思考论证，大都认为，尽管具体的判别或划分歧义较大，但符合社会发展客观规律的，有着维系并促进人类福祉持续文明进步飞跃的法律，就是"良法"或"仁法"或"正义之法"。反之，就是"恶法"或"不仁之法"或"非正义之法"。因此，法治实行的法律，不能是统治者或执政者随心所欲地主观意志的体现，而是遵循客观规律的主观认知与客观规律的统一。

其三，在平等对待基础上，法治是比人治、德治更为经济高效和文明的社会调控或治国理政的国家社会运行模式。古希腊先贤先哲和商末周初的箕子，都从人治教训中认识到，人治的死穴在于人的兽性没有受到限制。法治运行，就是要集合并发扬全民公德，最大限度地克服人治难以遏制的兽性发作及其带来的灾难。基于可持续发展的考量，法治运行比之于人治，除了避免大破坏大浪费的灾难外，更重要的意义在于，促使人们的言行理性审慎。因此，在国家社会运行的问题讨论、解决方案争议、确定解决的法律规范认可或制定与颁行、法律规范的宣传、法律规范行为约束的自觉遵守或不自愿遵守、法律规范的贯彻执行、法律规范适用的争议纠纷处理、合法言行及其权益的保护、违反法律规范行为的矫正等方面，都形成运行秩序。这种强烈确定性的运行秩序，不会被人治、德治的不确定性干扰破坏，进而使得人们在已知的前提下，能够理性审慎地做出趋利避害的抉择。

其四，一旦经过检验能够造福于人类的法律规范、法律制度被社会公认，就不能被任何统治者随心所欲地按照对自己有利的操作变更、篡改或抵制。良法善法仁法，对后世所有人都具有拘束力。任何统治者、统治集团，都必须信仰和尊重良法善法仁法的客观存在。

法治观是人类社会存在所决定的产物，最终要服务于人类社会。因此，法治的思维服务于法治实践。人类社会法治理论体系的构建，不能是伦理的结果，只能是科学的追求。有关这一推断，愚将在后面第三节中展开论述。

### 三、实行法治防止欺骗的实质思辨值得借鉴

特别要指出的是，苏氏关于法律成型及固定与契约性质相同从而必须像履约践诺那样遵守法律的思辨，并非伦理的考量，而是科学理性的升华。而其恪守法律就是践诺、履约的推理，进一步推导出推行法治的实质就是遏止欺诈的论断。他强调："谎言乃是一种谁在自身最重要的部分——在最重要的利害关系上——都最不愿意接受的东西，是不论谁都最害怕它存在在那里的。"而在人类社会交往中，"上当受骗，对真相一无所知，在自己心灵一直保留着假象——这是任何人最不愿意最深恶痛绝的"[①]。所以，苏格拉底拒绝越狱逃生，坚决认为这样做违背了法律本身具有的契约精神，是"以你的欺骗行径，败

---

① 柏拉图. 理想国 [M]. 北京：商务印书馆，2003：79. 在此柏拉图引埃斯库洛斯的残诗350"不欺不诈，信以为真"，说明人类抵制和反对谎言欺诈的悠久渊源。

坏了法律和整个城邦"①。这就是苏氏以死践诺、誓死捍卫法治的最根本原因。其中不仅仅彰显其视践诺高于生命的道德情操之高尚,更为深邃的意义在于,其不惜以生命为代价也要恪守和捍卫法治的言行唤起人类良知的睿智光辉,德泽全人类。

**四、比例平等的法治观具有合理成分**

古希腊亚氏思想中,并没有一味沿着柏拉图伦理发展。其已经觉悟到平等与否,是衡量和检验一个社会的试金石,也是社会推行法治有秩序存续发展的根基。不过,比例的平等,亦即由于各人自身能力及其努力的差异形成的占有财富或享有的社会地位的差异,亚氏始终认为是符合自然理性的。这虽然与其平等思想前后演变矛盾冲突,但从没有宗法因素、种姓因素和官僚因素的比例来考量平等,亚氏的平等体现正义(公正)且系法治根基的思辨,已经蕴含相当的文明进步基因。这也是其平等思想能够直接为基督教传承,并在人类西方社会三R运动乃至以后文明启蒙时,为后人承继并发扬光大的主要原因。

**五、王道思想立足公平正义的法治思辨闪烁着智慧之光**

从前述古代中西法治观演进的史实可以看到,在法、法律、法治等诸多问题上,中国社会与西方社会既有相同认知,也有相异理解。

---

① 转引自:约翰·莫里斯·凯利. 西方法律思想简史[M]. 王笑红,译. 北京:法律出版社,2010:14.

王道思想与墨子的理论,不管多么卑微或受打压,都足证中华民族先贤先哲在治国理政基础上,有了遵循自然的系统理性的思辨。

箕子的王道思想,立足于公平正义,不仅仅提出国家最高统治者治国理政的禁忌,更为如何理想地实现公平正义指出了理解和领会的方法或路径。这就是:"天子作民父母,以为天下王。"① 其意即作为国家最高统治者,只有像父母爱护自己子女那样对待所有的国民,才能够得到全体国民的拥戴。

公平正义为王道之本的思想,对周初统治影响直接体现为"以殷制殷"政策的实施。此后,随着周公制礼作乐规范的深入推行,随着宗子维城和封邦建国的亲贵合一化,脱离宗法血缘关系束缚的公平正义思想及其实践,已然失去践行的社会历史环境。在春秋战国急功近利的争霸驱使下,王道思想已被霸道理论否定。而不管是秦皇还是汉武,后世走向专制的历代王朝,虽有提及王道,然多系标榜假借而已,并未在实际上有效地构成对最高统治者治国理政的约束。以公平正义为本的王道思想,在中国古代,始终未能被最高统治者自觉领会并形成自我约束机制。箕子《洪范》的王道理论,也只能在专制的朝代或环境下,属于非主流之列。

从规圆矩方的规矩文化亦即规范文化考量,人类选择法律并且不懈追求法治的根本原因,在于法律规范比道德规范、宗教规范适用范围更广更全面。一旦上升为国家法律,其约束力就远远超越道德人群,超越宗教人群,对国家社会对族群社会的全体成员予以规范,而不管你是否归服某一阶层或某一族群,或者你是否皈依某一宗教。箕子不

---

① 尚书·周书·洪范.

因为周灭商而拒绝甚至抵制周武王，而是出于一般治国理政的考量，提出王道思想，规谏一般最高统治者，这已经超越了族群、阶层、集团的利益局限。因而其王道思想具有约束社会全体成员的法治意义。

箕子谏告君主"无偏无陂""无有作好""无有作恶""无偏无党""无党无偏"且"无反无则"的思想，立足在公平正义基础上，反复强调君主必须恪守公平正义，应当平等地对待全体国民，并以此作为是否符合王道的检验考量内容，彰显其规范最高统治者的法治精神。

不管人们如何从自己的利益局限评判箕子的王道思想，也无论后人如何假借箕子王道思想做自己统治国民的粉饰或标榜，箕子胥余关于制衡君权和追求法治的王道理论，都深含客观理性辨析治国理政的独特内容，闪烁着中华民族智慧的光辉。自箕子王道思想面世到近代，中华历史上就再没有出现超越该王道思想的系统主张及理论。由此又见箕子胥余公平正义为王道之本思想的历史价值和现实启迪意义。箕子王道思想所彰显的公平正义和法治精神，为中华民族并非没有公平正义意识和并非没有法治追求，提供了坚实和确凿的证据。一切以中华文化独异于世界并推论中华民族缺乏公平正义精神，以及中华文化没有法治追求的论断，在箕子王道思想面前，都失去了理论根基。愚对箕子王道理论的解读，不拘泥于传统的考据，只是领会其精神实质的新探而已。唯愿箕子公平正义和法治的王道思想长存，不仅是被用作标榜或粉饰，而是切合实际地作用于中华大地，德泽中华民族乃至全人类。

六、义利合一、兼爱交利和非攻的法治思想有利于构建人类命运共同体

继箕子之后，墨子从敬仰客观天志展开的以义利合一、兼爱交利和非攻为核心的法治思辨，在许多方面呈现出与古希腊古罗马先贤先哲近似的真理闪光，为我辈族群作为人类而不是人类的另类，奠定了坚实的论据基础。在此，愚再申明，愚非墨家、道家信徒，更非儒教法统弟子。对于中国古代史实的探索，在包括法治观在内的求学道路上，愚只敬仰、信奉并追求遵循客观规律的科学真理，实事求是。诸如中华传统学术大师惯用的先入为主分派别类之"正统"的定性，愚不敢效仿，并坚决反对和抵制。

愚之所以提出王道思想、墨子理论作为中华民族早期法治思辨遗产，一是其思想理论本身系时间一维性之历史真实毋庸打压和篡改；二是其思想理论蕴含我祖先追求科学真理的成分，是中华民族追求科学真理的历史遗迹。愚只是通过分析比较认为，王道思想和墨子思想中蕴含法治思维及其深刻总结历史经验教训的实证分析思辨，这在先秦九流十家中，尤其难能可贵。箕子和墨子的法治思维，遵循自然理性思辨的规律，是我中华民族上古即从客观本原探索治国理政真理的确证。这充分揭示出，上古中华民族并不是一味追求宗法血缘亲疏远近的等级礼制。至于秦汉以后，为何儒法思想占居支配地位且被奉为中华民族传统圭臬，延绵两千多年；王道和墨家思想总是受到抑制打压但却流行于民间百姓有识之士群，窃以为应在余生继续探寻。

## 七、尊重客观的法治思辨可避免法治认知主观化

在研读上古中西法治观史料中，结合当今人类社会治国理政法治的各种理论，愚看到，即使是人类文明随高新科技高度发达的今天，人类对于外部客观世界的认知，仍有许多未知的地方。古人对于"天""上帝"之类及其变化之"鬼神"的认知，反映出当时人类对于外部客观世界认知的局限。古希腊社会已经认识到，客观外部世界有不以人的意志为转移的"运命""必然"与"定数"这些冥冥存在，连宇宙之神宙斯也不得不服从。① 为制止人类无休止的争斗和恶意相向，宙斯令人彼此尊重，并赐予人们正义感。②与之近似，在墨子的智识领域，"天"是完全不受人类主观意志操纵或主宰的客观存在。正是由于"天之行广而无私，其施厚而不德，其明久而不衰，故圣王法之"③。墨子在承认"天"不以人的意志为转移的前提下，比较深入地探讨人类社会治理与"天"的关系。其"天"不为天子左右的正义观，呈现出敬"天"畏"鬼神"的自然法意识。因此，愚以为，中国古代自然之"天"的正义观与西方"上帝"的正义观近似且同质。

对墨子的"天"不为天子左右的正义观，不能因为有"天志"和"鬼神"的思辨印迹，简单、武断和粗暴地对其扣以唯心主义的帽子

---

① 罗素. 西方哲学史（上卷）[M]. 何兆武，李约瑟，译. 北京：商务印书馆，2002：33.
② 参见：普罗泰戈拉篇. 322 B.C. 又见本杰明·乔伊特（Benjamin Jowett）translated into english with analyses and introductions by Benjamin Jowett，Protagoras，1871，中译本柏拉图著作集 [M]. 广西师范大学出版社，2008.
③ 墨子·法仪.

而随心所欲地抹杀。墨子"天为贵、天为知而已矣",与"天子为贵、天子为知"完全是对立的两码事。

墨子关于"尊天事鬼"的治国理政理论的探索论述阐明的有三个基本认识:第一,天与天子的关系,实为人类不可知外部客观世界及其规律的"天",可以左右或控制人类统治者"天子",而不是相反。第二,"天之意"的运行有自身不为"天子"意志左右的规律,这是人类必须遵循的"仁义之本"。故人间最高统治者"天子",也不能假借天意对属下施暴。大国攻伐小国、大家之乱小家、强之暴寡、诈之谋愚、贵之傲贱,都非天意,是违背天意的。第三,真正符合"天意"的,是"欲人之有力相营,有道相教,有财相分也"。人类社会互相帮助,形成命运共同体相同的认知智慧及其维系机制,在财产资源分配使用上照顾到每个个体,才是符合"天意"的。

**八、自然理性的良法为推行法治的必备前提**

正是以非人的主观意志随心所欲地看待客观世界,包括社会调控和治国理政,先秦墨子与古希腊古罗马先贤先哲才能够在善、公正、正义观念等诸多方面有了共识。古希腊智者所理解的"法律与正义是我们的王,植根于自然本性"等法、法律的自然契约思辨;善和正义(公正)是人类社会治国理政的目标;平等的法律以共同的善为依据,系法治根基等观念,在墨子思想中,亦有相应的兼爱非攻的社会法治调控思考。他关于社会乱之源在于人不相爱,全社会爱人才能解决社会动乱的系统理论,以中华智者独特的语言,阐述着与古希腊智者"法就是最高的理性,正当的理性就是法""理性是人类智慧的结晶,使人类超越禽兽，法律是聪明人的智慧和理性，法体现最高的理性""真正的法是与自然契合的正确理性"等相似或相近理论。墨子遵循客观自然的"法天"思想；"天欲义而恶不义"与"顺天之意者，义之法"的思辨；"法天"的实质与目的是"欲人之相爱相利，而不欲人相恶相贼"，"法天"要求统治者"兴天下之利，而除天下之害"等思辨，彰显中华民族的理性。尽管这理性完全不能在扩展时空上同古希腊古罗马相比，但其不能被抹杀、压制甚至忘记。

**九、一同天下之义的义政有助于反对暴政**

特别值得注意的是，墨子一同天下之义的法制尚同本原论，"万事莫贵于义"的社会正义观和法制起源论，一同天下之义的法制尚同思想以及"尚同于天"的法治规范理论，兼以易别的法制社会调控论在义利合一基础上尚同的法制社会调控思辨，等等，体现义利合一的比例正义、分配正义、矫正正义的各得其所的理性思辨，闪烁着中华民族理性智慧之光。

在反对强权政治及法制理论和主张方面，墨子"义政"与"力政"之辩的"天志"维护社会正义论，"兼爱顺天意，别爱反天意"的兼相爱交相利是人类社会治国理政最佳法治选择；与古希腊"违反自然理性的非正义法、法律不具有永恒性""凡是正当的和真正的法律都是永恒的，而且不与成文法相始终"等不能以功利做标准的思想也相近似。客观地理性地对待"天"，反对恃强凌弱，反对国家暴力和家族家庭暴力，决定了墨子治国理政思想和法制思维的价值取向，也最核心地体现了墨子的社会正义观和社会公平观的根源或依托基

*171*

础。这正是墨子"法不仁,不可以为法"的法治观最为精辟论断的智慧内涵。

此外,与古希腊先贤先哲一样,墨子治国理政尚贤的法治理论、贵知上愚贱下的尚贤主张、正尚贤之为政本的法治思辨等思想,与古希腊先贤先哲"最好的国家应是由最有素养的人领导或统治"[1] 的理论,都对人类社会治国理政的主体责任能力进行了研究,并得出了性质相同的推论。

## 十、治国理政的审慎和深谋远虑思想彰显智慧规律

与其他内陆自然农耕文明不同的是,古希腊古罗马人经历了从诸神英雄时代迈向更为智慧的文明。荷马时代以后,人们对各种神的精神和思想桎梏,产生了极大怀疑。类似古埃及、古巴比伦、古印度和古代中国当时将神或类神不断主观化人格化的进程,在古希腊古罗马社会文明中遭到阻截。人们开始转向对客观真理的追寻和遵循。

文明之光在古希腊显现的直接结果,是人们对外部世界及内部社会的认识,出现了抑制非理性冲动的审慎。而"文明人之所以与野蛮人不同,主要在于审慎,或者用一个稍微更广义的名词,即深谋远虑"。这种深谋远虑,已非一时的急功近利的冲动,而是追求长治久

---

[1] 柏氏认为,其一贫穷的人为政,不能推行法治。而贤良为政,有利于法治推行。其二,城邦人民普遍地全都遵循良法,是实行法治的基本要求。其三,法治具有大家普遍遵守既定法律和大家遵守的法律应是良法双重含义。其四,虽然人民可以服从良法也可以服从恶法,但良法是社会最佳选择,恶法则相反。其五,人们即使选择服从良法,也有两类情况:一是乐于服从最好而又可能实施的法律,另一是宁愿服从绝对良好的法律。

安的深谋远虑。进一步，古希腊人意识到，"我们之抑制冲动不仅是深谋远虑（那是一种加于自我的抑制），而且还是通过法律、习惯与宗教"。也就是说，遏止冲动的审慎也好，深谋远虑也好，自我抑制也好，最后都要转化为能够规范全社会成员言行的一种有序的运行秩序。

以智者为代表，开启了各种思辨争论甚至诡辩。当论域集中关注到"人是万物的尺度，是存在的事物存在的尺度，也是不存在的事物不存在的尺度"①的时候，各色各类的神逐渐褪色，人们对事物的观察评判，通过城邦各项改革及其思辨，走向理性。

### 十一、合理怀疑能够使人在法治思辨与践行中保持清醒

作为古希腊智识阶层，智者"有教育，有闲暇，游历把他们的传统偏见的棱角给磨掉了，他们消耗于辩论的时间又磨炼了他们的机智"。在当时古希腊社会，各种争议、争端之处置和解决，"十分自然地，胜败大部分要取决于演说时能打动群众偏见的那种技巧"。于是，智者群体帮助有利益诉求正义的人参与到争议甚至诉讼中，发挥着类似近现代"公司法律顾问阶级"的作用。"智者们就被公认是教给人以这种技术的。"②

通过不断的各种各样的辩论甚至诡辩，追求真理始终成为智者群

---

① 罗素.西方哲学史（上卷）[M].何兆武，李约瑟，译.北京：商务印书馆，2002：111.
② 罗素.西方哲学史（上卷）[M].何兆武，李约瑟，译.北京：商务印书馆，2002：109.

体的努力目标。而"追求真理如其是全心全意,就必须撇开道德方面考虑"。其结果,"智者们总是追随着论证,走到论证所引出的结论上去。而这往往就把他们带到了怀疑主义"①。

怀疑主义流行的结果,是趋向理性。理性思辨一旦占上风,全社会开始不断清醒。这使得古希腊各城邦"在思想领域内,清醒的文明大体上与科学是同义语"②。古希腊从智者到三杰,正是在自然理性基础上,深入展开了对公共权力结构、政治政体、政治德性及其正当性、社会公平(正义)及其秩序的维系等,深入系统和逻辑的思辨。

古希腊智者及其以后,追求并捍卫正义(公正),引领社会不断强化正义(公正)观念。"这种正义的观念——不能逾越永恒固定界限的观念——是一种最深刻的希腊信仰。神祇正像人一样,也要服从正义。"③

坚持追求和捍卫正义观念的强化与固定,不仅仅局限于对德性和伦理的分析,而且更加深入地引导社会围绕分配正义和矫正正义、形式正义与实质正义、正义与平等、习惯法之正义与成文法之正义乃至法律上的正义与公道上的正义等方面展开思辨。这就为全方位实现社会正义的法治观的出现及其发展演变,奠定了坚实的基础。

---

① 罗素.西方哲学史(上卷)[M].何兆武,李约瑟,译.北京:商务印书馆,2002:113.
② 罗素.西方哲学史(上卷)[M].何兆武,李约瑟,译.北京:商务印书馆,2002:40-41.
③ 罗素.西方哲学史(上卷)[M].何兆武,李约瑟,译.北京:商务印书馆,2002:53.

## 十二、只有科学理解法律才能构建法治理论并推行法治

在古希腊古罗马,法律没有被当作人尤其是统治者实施治国理政和社会调控的工具,而是被定义为"不受任何感情因素影响的理性"①。法律的本质规定性被理性地归结为与正义(公正)密不可分的中道的权衡"要使事物合于正义,须有毫不偏私的权衡,法律恰恰是这样一个中道的权衡"②。于是,自然的推理是"法律是最优良的统治者,法律能尽其本旨做出最适当的判决"③。这样,无论是形式逻辑还是实质逻辑,法治优于人治(特别是一人之治)势所必然。在国家秩序和社会中,"法律应在任何方面受到尊重而保持无上的权威。执政人员和公民团体只应在法律(通则)所不及的'个别'事例上有所抉择,两者都不该侵犯法律"④。

古希腊、古罗马社会先贤先哲法治观,从法律的本质规定性出发,对法律的契约属性、法律的道德属性、法治优于人治的属性、法治需要贤良担当和全体恪守的属性、法治必须监护的属性、法治维系需要公民素养保障支撑的属性等方面,都有理性思辨。其中的精华,至今德泽全人类。

近代社会以来,西方法治的理想围绕社会契约、限制公权保障私权之制衡以及民主自由、伸张和捍卫正义等社会实践不断深化。尽管

---

① 亚里士多德. 政治学 [M]. 吴寿彭,译. 北京:商务印书馆,1965:199.
② 亚里士多德. 政治学 [M]. 吴寿彭,译. 北京:商务印书馆,1965:169.
③ 亚里士多德. 政治学 [M]. 吴寿彭,译. 北京:商务印书馆,1965:171.
④ 亚里士多德. 政治学:卷四,章四 [M]. 转引自:西方法律思想史资料选编 [M]. 北京:北京大学出版社,1983:55.

有不少思想家都有过思辨和论断,但都没有在人类法治哲学智慧总体上超越古希腊、古罗马的飞跃和质变。而中国近代以来社会法治观,虽有对先秦墨子思想的关注,但多引入西方法治观针砭时弊,且并无借鉴传统法治观的任何举措,也就更谈不上任何超越和飞跃。围绕法治的理论和实践,中西社会仍在探索中。

## 第二节 上古中西法治观反科学思维及糟粕之批判与警示

上古中西法治观演进的史实充分揭示,对于法治的认知理解,古今中西既有智慧贡献,也存在许多片面的认知缺陷。理性批判其认知缺陷,有助于当下及今后人类包括中国社会法治理论体系的构建。

### 一、悖离历史唯物主义和辩证唯物主义的法治观必须批判

在整个人类对外部世界和人类社会自身的认知发展史上,唯心论和唯物论始终对立。上古中西法治观史实揭示,西方主流法治观念,从希腊智者至今,对于人类社会法治的概念界定、本质分析、内涵范畴、作用价值等,都包含着许多偏离历史唯物主义和辩证唯物主义的成分。其中最集中最突出的,以上古宗教法治观为典型。愚反思中西上古法治观,坚持存在决定意识、社会存在决定社会意识,就不得不对此加以批判。另外,上古西方法治观演进发展,大都没有结合社会

生产力与生产关系、经济基础与上层建筑的矛盾分析，这也需要我们在借鉴中认真鉴别。

## 二、切忌陷入膜拜西方法治的怪圈

基于上古西方法治认知观念浓郁，先秦中国在这方面相对薄弱的基本史实，近代以来中国学术界对西方法治观顶礼膜拜的趋势不减。民国初始，经"五四运动"，学习上古西方法治实现民族振兴的思潮高涨，陈独秀、李大钊、胡适等社会精英，都对上古西方法治赞赏有加。即使国民党一党专政，国共两党，朝野上下，都无对西方法治理性批判之声。董必武、张友渔等反对一党专政和蒋介石个人独裁，均沿用西方法治观做根据。及至改革开放，学术界亦形成对西方法治观膜拜之势，且有增无减。这样一来，对中国传统文化中法治观的探索和研究几无，而且没有科学理性思辨地对西方法治观进行任何批判。西方法治观遂被奉为普适价值的真理。

通过愚前述的系统梳理，上古西方法治观的演进史实充分证明，对于法治的社会实践，上古西方社会并没有找到实现的道路。其根本原因就在于，上古西方法治观受伦理桎梏，缺乏科学的支撑。对此，西方后世各国的智识人士亦不断地加以反省和批判，以期从科学实用上寻找能够适合本国国情实际的真正实现法治的道路。完全照搬西方上古法治伦理的一体范式，以移植推论推理，根本就是无稽之谈。而对西方法治观形成推销，不仅有偷懒剽窃之嫌，也阻碍了中华智识对法治科学的探索，且不利于中华民族伟大复兴必需的法治实践。

因此，愚以为，构建当下及今后中国社会走向文明进步的法治理论体系，必须对此保持科学理性思辨的高度清醒，坚持对西方法治观的顶礼膜拜批判，冲破法治理论体系构建上唯西方马首是瞻的理论及舆论怪圈束缚。

## 三、冲破华夷之辨的民族本位主义虚骄自尊认知法治的局限

人类社会发展史上，受客观时空条件的限制，特定地域的人们的思维也必然体现其局限性。中国历史上，在创造优秀中华文化的同时，传统的宗法等级统治伦理文化、官僚等级统治文化和专制文化等糟粕，也每每发酵，严重地阻碍中国法治观演进。这就导致宋以后中国排除外来先进文化的虚骄自尊心态愈演愈烈，至明末清初，恶劣到凡事先以"华夷之辨"为原则的愚蠢地步。

总结历史经验，吸取历史教训，为避免重蹈覆辙，今人不能不引以为戒。因此，将传统文化糟粕的拖累减少到最低限度，促使全社会法治思维及实践能够最大限度地适应我国现代化升级转型，必须坚持不懈地冲破华夷之辨的民族本位主义虚骄自尊认知法治的局限。只有虚怀若谷的虚心和包容，才能使我们保持清醒，才能使中华民族伟大复兴的新时代法治理论体系构建有科学理性思辨的支撑，为新时代创新开拓的中国文明持续发展进步奠定基础。

## 四、防止资本梦魇绑架或桎梏人类法治的理性追求

结合上古中西法治观演进，立足当下，相比前资本主义社会，资本主义制度摒弃了一切非市场自由经济对人类文明进步发展的机制阻

碍，如国家假借种姓或宗法或官僚等级秩序维系，以国家暴力直接对民间财富的巧取豪夺与压榨等，有质的文明飞跃。资本作为生产要素，本质是将其他要素如劳动、生产资料等调动运作，按照追求最大利润的客观规律，实现财富的不断增长。但资本主义制度运行中，逐利特别是急功近利的贪婪的人性弱点，能够在私有财产神圣不可侵犯、意思自治、契约自由等法制框架下实现最大膨胀，资本也就成为其最佳工具或途径。

然而，对资本贪婪的直接结果，是漠视且肆无忌惮地剥削他人的劳动成果，最终发展到高度的兼并以形成利益垄断。这种剥削和垄断的持续，反映到社会运行中，寻求公权力庇护以及法治维持，也就成为必然。因此，资本主义制度内在的矛盾以相对日益扩大的严重的社会不公时时呈现，其崇尚的法治也就必然地暴露出被资本裹挟为资本服务的助纣为虐的秉性。

作为弥补和矫正资本主义制度弊端的社会主义制度，本质上最基本的要求正是防止资本的无节制肆虐的危害。因此，防止资本梦魇绑架或桎梏人类法治的理性追求，也成为中国当下及今后社会文明进步发展，推行法治理论及其实践运行的必然选择。

### 五、警惕并防范民主的滥用对新时代法治观念的绑架

除资本的掣肘桎梏社会公正公平高效快速发展外，民主的滥用亦是资本主义制度最为常见的痼疾。多数人的暴政和少数人的暴政，在整个资本主义社会造成不定时严重动荡与损失，严重影响到全体国民的利益。而以民主标榜的资本主义社会法治，囿于资本的桎梏，并没

有在防范多数人暴政和少数人暴政方面,发挥法治应有的作用。因此,构建当下及今后中国社会法治理论体系,推行法治,对此须认真总结经验,吸取教训,警惕并防范民主的滥用对新时代法治观念的绑架。

**六、突破伦理主导人类法治认知与实践探索的智识藩篱**

在人类社会思维意识交流活动中,伦理特别发达和突出。其原因一是,伦理的范围广涉人们生存生活的方方面面,极容易引发广泛社会关注甚至共鸣。其原因二在于,研究伦理往往致力于道德最高规范的语言追求,进而极易形成伦理学者逻辑演绎的自我心理优越感,以至于伦理学者大师效应桎梏发散。因此,人类社会对法治的认知,伦理学贡献不可抹煞。但是,由于伦理本身不讲究艰难复杂过程的科学实证和科学检验,因而伦理学者乃至伦理大师往往脱离客观甚至悖离自己的伦理学说。

人类社会历史上伦理主导法治认知探索的弊端,从古希腊延续至今,遭到以罗素为代表的哲学史学者最为猛烈、最为尖锐的批判。这在本成果第一章已有论及,此处不再赘述。而中国历史上,儒家伦理被奉为独尊,不仅"修齐治平",而且上升到可"开万世之太平的高度",发展为"天理"。然经后人总结辨识,此伦理虽语言华丽、词藻精巧,最终却成为阻碍中华民族科学思维发展的虚骄自尊的东西,导致中华民族积贫积弱,未能于近代跟上人类历史进步的征程。对此,"五四运动"思想解放旗手学者鲁迅,曾一针见血地做了精辟批判。

因此,愚以为,批判地借鉴上古中西法治观,必须认真总结历史经验,吸取历史教训,遵循法治思维及其实践必须遵循的客观规律,坚守实证、实思、实辨、实说、实践、实验、实干、实用的原则，突破伦理主导人类法治认知探索的思维藩篱。

## 第三节 科学构建当下及今后中国法治社会的思辨

结合上古中西法治观发展演进史实及其规律，要科学构建当下及今后中国社会法治理论体系，科学地为法治实践提供理论指导，扎扎实实推行法治，愚以为可从以下方面展开。

**一、格物致知，知行合一**

格物致知和知行合一，是中华民族历史上对实践和理论关系哲学思辨的智慧结晶。前者反映我们先贤先哲对于探求事物知识体系的规律性总结，后者体现先贤先哲对于理论与实践关系的顿悟和概括。

格物致知，最早见于《礼记·大学》记载，"欲诚其意者，先致其知，致知在格物。物格而后知至，知至而后意诚"。"所谓致知在格物者，言欲致吾之知，在即物而穷其理也。"① 尽管后儒对格物致知的理解，陷入心学自证的玄学怪圈而不能自拔，但按照现代本原的社会

---

① 东汉郑玄注："格，来也。物，犹事也。其知于善深，则来善物。其知于恶深，则来恶物。言事缘人所好来也。此致或为至。"

理解，格物致知，就是指人们探求事物原理来获取知识。① 丁肇中先生在其"应有格物致知精神"文中，科学理性思辨地概括："一个人教育的出发点是'格物'和'致知'。就是说，从探察物体而得到知识。用这个名词描写现代学术发展是再恰当没有了。现代学术的基础就是实地的探察，就是我们现在所谓的实验。""我觉得真正的格物致知精神，不但是在研究学术中不可缺少，而且在应付今天的世界环境中也是不可少的。""在环境激变的今天，我们应该重新体会到几千年前经书里说的格物致知真正的意义。这意义有两个方面：第一，寻求真理的唯一途径是对事物客观的探索；第二，探索的过程不是消极的袖手旁观，而是有想象力的有计划的探索。希望我们这一代对于格物和致知有新的认识和思考，使得实验精神真正地变成中国文化的一部分。"②

格物致知反映存在决定意识、意识反过来探求存在道理的规律性认知规律。其本质上是立足于客观基础上，体现辩证唯物主义和历史唯物主义原理中最核心的价值观与方法论。格物致知对事关当下及今后中国社会文明进步发展关键的法治理论体系和法治系统工程构建，具有基础性指导意义或价值。

首先，格物致知要求，当下及今后中国社会文明进步发展的法治理论，须建立在探求并遵循中国社会文明进步发展客观规律的基础上，而不是脱离客观存在空想、臆造或空谈，更不是瞎编和忽悠。

---

① 现代汉语词典，将"格物致知"解释为："推究事物的原理法则而总结为理性知识"，2017年发行的第七版。
② 本文是丁肇中先生于1991年10月18日在北京人民大会堂举行的"情系中华"大会上接受特别荣誉奖时发表的演讲。选入人民教育出版社九年级上册语文教科书，同时还被选入语文出版社八年级下册语文教科书第13课（2011年版）等。

其次，格物致知主张，遵循社会文明进步发展客观规律进行当下及今后中国法治理论体系构建，必须要对法律体系和法律机制促进而不是阻碍中国社会文明发展进步的客观规律，进行深入系统的原理性探索。

再次，格物致知揭示，法律体系和法律机制对维系并促进中国社会文明进步发展而不是相反的规律，须理性睿智地认知和总结，具备严谨但不是呆板的辩证逻辑性。

最后，格物致知启示我们，当下及今后中国文明进步发展的法律体系及其法治化运行机制构建的理论，不仅需要实证支撑，更需要实验、探索和开拓。

通过实践是检验真理的唯一标准的思想解放，中国改革开放取得全人类有目共睹的巨大发展进步。坚持实践检验理论和创新发展理论，应当成为当下及今后中国，在科技、经济、政治、法制和文化及社会等全方位思想的主旋律。脱离实践，没有实证支撑的理论尽管层出不穷、花样百出甚或喧嚣一时，但终究都只不过是昙花一现，迟早被当下及今后中国追求真理的主流社会所唾弃。在治国理政基本方式实践探索基础上，法治治国方略的确定，正是执政党治国理政实践的理论结晶。

按照辩证唯物主义和历史唯物主义社会存在决定社会意识、社会意识反过来作用于社会存在的科学原理，中国当下及今后社会法治实践，不仅实证和检验中国特色社会主义法治理论，而且也要求在治国理政实践基础上不断深化法治理论，反过来正确地指导和启迪人们治国理政和维系社会长治久安的法治实践。法治实践和法治理论的辩证关系，要求人们在构建当下及今后中国社会文明进步发展的法治理论方面，有最基本的理解和系统的认知总结。

借鉴上古中外先贤先哲的智慧，总结吸取人类历史上治国理政的经验教训，愚认为，探求当下及今后人类包括中国社会的法治实践和法治理论的辩证关系，科学地构建科学的中国法治理论体系，不仅仅是要坚持格物致知，更为重要的是从知行合一进行理性思辨。

其一，当下和今后的中国社会践行法治的知行合一，是指法治理论顺应法治实践展开。中华人民共和国建立至今70年，治国理政历经曲折磨难，经过实践是检验真理唯一标准的思想解放，执政党已深刻顿悟到还是制度靠得住的道理。① 改革开放以来，摒弃人治，走向法治，已经成为中国特色社会主义实践不可阻挡的发展趋势。中共十八届四中全会关于全面建设法治社会的决定，正是中国特色社会主义实践的必然结果。这样的实践，已然反映到人们的社会意识之中，呼唤中国特色社会主义法治理论科学理性地升华飞跃。

其二，法治理论对法治实践的认知结果，反过来又能动地作用于法治实践。人类能够超越其他灵长类发展至今，最根本的原因就在于人类思维的质的不断飞跃。理论对于实践的能动作用，无可否认。人类社会法治的运行，从来都不是脱离理论引导的盲目实践。法治实践虽为法治理论提供实证、实验，但同时又急需法治理论的指导或启迪。尽管因法治社会主体智慧的优劣，法治理论对法治实践的指导和启迪并不总是简单的提升，而恰恰在短期呈现复杂和曲折甚至阻滞或倒退

---

① 邓小平."制度问题，关系到党和国家是否改变颜色，必须引起全党的高度重视.""还是制度靠得住."转引自：学习与实践〔J〕，2005（5）.1. 又见其："制度好可以使坏人无法任意横行，制度不好可以使好人无法充分做好事，甚至会走向反面."转引自：邓小平文选：第2卷［M］. 北京：人民出版社，1994：333.

下降的态势。但从较长时空观察，围绕人类社会公权力运行文明进步展开，法治理论在防止公权力滥用的损害和破坏等方面，发挥着愈益重要的作用。因此，中国特色社会主义法治理论的构建，势必影响中国特色社会主义法治实践的能动作用，必须得到正视。

其三，在认知中国特色社会主义法治实践和法治理论关系上，知与行的合一，既不是以知来吞并行，认为知便是行，也不是以行来吞并知，认为行便是知。荀子总结认知理论与时间关系，确认"知之不若行之，学至于行而止矣"。认定"知之而不行，虽敦必困"[①]。也就是说，对法治实践与法治理论的辩证关系的理解和认知，首先须客观地承认和面对的是，两者是相对独立的存在。不是说有了法治理论就当然有相应的法治实践，更不能以法治理论取代法治实践，甚至将法治理论视作法治实践的真实状况评判，无视、轻视或忽略法治实践。反过来，也不能以法治实践作为法治理论的一体反映，以为法治实践真实反映法治理论水平。更不能以法治实践的存在，无视、轻视或忽略甚至排斥法治理论。

愚不否认人类法治理论基于社会法治实践需要产生演变，但也不能无视法治理论的形成发展，反作用于法治实践的能动性。更不能否认，认识和理解法治治国的理论到指导、规范法治实践的再认识、再实践的反复复杂过程的客观性。法治实践到法治理论，并非一蹴而就；法治理论到法治实践，不是水到渠成。

其四，法治理论对法治实践的能动作用，并非必然呈现积极促进关系。但法治实践的好坏，却必然与法治理论的正确与否密切相关。

---

① 荀子·儒效.

法治主张及其理论之所以为全世界先进文明的国家和民族所接受，根本原因也在于其主张及其理论围绕科学规范治国理政实践展开，以制衡和限制公权力滥用为出发点与目的，并在最大限度地减少和降低公权力滥用造成的破坏及损害方面，收到了人治和专制无法比拟的良好实践效果，为近现代人类社会进步发展提供了可持续的文明引导与启迪。正如邓小平同志所悟："制度好可以使坏人无法任意横行，制度不好可以使好人无法充分做好事，甚至会走向反面。"① 同理，在中国特色社会主义法治理论体系构建上，科学正确的思想理论，可以使反科学或抵制科学的人无法肆意横行；反科学、伪科学的思想理论，不仅可以使善良的人无法做正确的事，甚至还可能引导并驱使他们干糊涂事，反科学、反人类乃至自我毁灭的蠢事。

其五，中国特色社会主义法治理论体系构建的知行合一，追求的是法治理论与法治实践相结合。具体地说，中国特色社会主义法治理论构建的目的，是更好地指导、启迪和规范中国特色社会主义法治实践。一方面，知行合一要求，中国特色社会主义法治理论遵循科学发展客观规律，促进而不是脱离甚至阻碍中国特色社会主义法治实践文明进步发展。而中国特色社会主义法治实践的深入展开，又能为检验中国特色社会主义法治理论的正确与否，以及不断修正、创新和完善，创造实践、实证、实验和升华的条件。另一方面，知行合一对中国特色社会主义法治实践及其理论的相互影响与效率的发挥，起着监督、规范、调整和修正等启迪与指导作用。对于脱离实际甚至阻碍中国特

---

① 邓小平："尊重知识，尊重人才。"（1977年5月24日）参见"党和国家领导制度的改革"．邓小平文选：第2卷[M]．北京：人民出版社，1994：333.

色社会主义法治文明进步的理论,知行合一的指导和启迪势必给人们警示性、选择性判别,不会予以持续支撑。而对于脱离正确法治理论指导、规范的法治实践偏差,知行合一的评判亦会发挥及时刹车、及时调整和尽快纠偏的指导或启迪功能。

概言之,格物致知和知行合一,结合辩证唯物主义和历史唯物主义的世界观与方法论分析,从哲学意义上对中国特色社会主义法治实践发展及其法治理论体系的科学构建,促使我们从根本上摆脱过去从伦理到伦理、从标榜到标榜、从口号到口号的理论实践悖理之积弊,极有裨益,值得我们理性批判和借鉴。

### 二、高屋建瓴,经世致用

高屋建瓴,源自西汉,① 原意指做事不可阻遏态势,立足在最高处,居高临下,顺势而为。其现代哲理寓为对事物发展态势,既要总体地观察,又要全面细致透彻地认知。有高瞻远瞩引申之意。结合当下及今后中国社会文明进步的法治理论体系构建,对于高屋建瓴之愚见,主要围绕其特定的时空展开认知。

"经世",意指治理世事,引申为治国理政或管理社会,能够解决社会问题。"致用",指研究学问,探求道理,应围绕解决社会实际问题展开。经世致用,由明清之际思想家黄宗羲等提出。② 他们认为学

---

① 司马迁.史记·高祖本纪[M]."地势便利,其以下兵于诸侯,譬犹居高屋之上建瓴水也。"
② 以黄宗羲为代表的明清思想家提倡的经世致用思想,简单地说就是要学习对现实社会有用的东西,研究学问要和社会实际相结合,不要空谈。

习、征引古人的文章和行事，应以治事、救世为急务，反对不切实际的空谈。结合构建中国特色社会主义法治理论体系，对于经世致用之愚见，拟从其理论价值方面理性认知。

经世致用的启迪，首先体现在，中国特色社会主义法治理论体系的构建，应当促进和完善中国特色社会主义法治实践。具体来说，第一，其法治理论对其法治实践展开的方向和目标，具有实质性总体引领和实际指导作用。第二，其法治理论对其法治实践的方式方法和步骤等机制运行，能够发挥实质性启迪、引导、原则规划等作用。第三，其法治理论对其法治实践运行过程中出现的各种问题甚至难题，承担着适时解决的理论支撑职责。第四，其法治理论对其法治实践出现的偏差，担负着实质性及时调整及校正、纠偏职责。第五，其法治理论对其法治实践的良善运行，承担着督促自我磨合、自我调节、自我改正和充实提升的技艺性理论支撑职能。第六，其法治理论对其法治实践出现的新问题、新变化，能够迅捷发挥理论总结、升华和理论启迪作用。

其次，中国特色社会主义法治理论对中国特色社会主义法治实践发展指导的经世致用，不能是伦理功利主义驱使的产物，而必须始终遵循客观功利规律运行。换言之，在其法治理论对其法治实践作用方面，抑或法治理论体系构建的功效上，不能走伦理功利主义的老路。不管是传统儒家礼制礼教宗法等级伦理的功利观，① 还是边沁"最大

---

① 在富贵、贫贱功利取舍问题上，儒家经典理论："富与贵是人之所欲也，不以其道，得之不处也；贫与贱是人之所恶也，不以其道，得之不去也。"（《论语·里仁》）对于取得富贵的路径，儒家经典观点："饭疏食，饮水，曲肱而枕之，乐亦在其中矣。不义而富且贵，于我如浮云。"（《论语·述而》）儒家反对以"利"引导治国理政和社会管理，认为："放于利而行，多怨。"（《论语·里仁》）

多数人的最大幸福"的西方民主伦理功利思想,① 都没有考虑如何具体有效地在实际的社会生活中实现。也就是说,伦理功利主义最大或最多思考的人及其社会功利问题,就是伦理。如果中国特色社会主义法治理论继续走伦理功利主义的老路,或重标榜,或重评判,而不考虑其如何具体有效地在实际社会生活中贯彻落实,那就背离了我们构建治国理政和社会管理机制的经世致用目的。

最后,中国特色社会主义法治理论对中国特色社会主义法治实践发展指导的经世致用,不能违背客观规律地追求急功近利的范式和效果。也就是说,受人趋利避害的客观本性决定,人们最容易将是否立即获取利益作为思想及其行动的检验或评判标准。即使是治国理政,急功近利往往驱使当政者在规范国民行为的法制方面采取最简单的方式方法,结果违反功利规律,受到客观功利规律的惩罚。

---

① 边沁:《道德和立法原理导论》(1789),系统地阐述了人避苦求乐、趋利避害的功利本性及其社会道德评判。中译本见商务印使馆,2000年版。其功利主义思想深深影响当时和以后英国及欧洲大陆上许多经济学家如J. B. 萨伊、D. 李嘉图、J. 密尔、J. S. 密尔、A. L. C. 德斯蒂·德·特拉西(1754—1836)、W. S. 杰文斯、A. C. 庇古等。其中J. S. 密尔在边沁理论基础上,认为人生的目的应脱出图谋一己幸福的范围,而去关心他人的幸福和人类状况的改善,也就是从"自利"转变为"自己牺牲"。其《功利主义》(1861)认为人类有为别人的福利而牺牲自己的最大福利的能力,如果是不能增加幸福总量、或没有增加幸福总量的倾向的牺牲,不过是白费。他强调功利主义在行为上的标准的幸福,并非行为者一己的幸福,而是与此有关系的一切人的幸福。当你待人就像你期待他人待你一样和爱你的邻人就像爱你自己一样,那么,功利主义的道德观就达到理想完成的地步。他幻想通过某些改良主义措施,来调和无产阶级和资产阶级的矛盾。19世纪70年代西方经济学中出现的边际效用学派仍以边沁功利主义作为其理论的出发点。英国边际效用学派代表杰文斯认为经济学的目的是求以最小痛苦的代价来购买快乐,而使幸福增至最高度;要求对快乐和痛苦进行计算,因而把经济学叫作"快乐与痛苦的微积分学"。在资本主义进入帝国主义阶段后,功利主义在西方经济学中仍然发生影响。由英国庇古奠定的福利经济学,就认为一个人的福利是他所感到的满足的总和,社会福利则是各个人的福利的总和,各个人总是力图使自己利益的满足成为最大功利。

以秦为例，奖励耕战和行刑重轻的重刑主义，① 使其从先秦七国中的最弱，很快走向强盛，完成了统一大业。于是，"皆有法式"成为以秦始皇为代表的统治集团治国理政的重中之重。睡虎地秦简、里耶秦简等考古发掘成果，揭示了当时法律法规事无巨细的文明。②

今天人们反思秦史，多以为以秉法而治著称于世的强大的秦王朝之所以二世而亡，是秦法繁于秋荼，暴戾严酷。但对秦为何秉法而治由弱转强却又由盛速亡的根本原因的探究，多有疏忽。愚以为，秦盛秦亡确实都离不开秉法而治，但受功利主义驱使，秦国的秉法而治与秦王朝的秉法而治，在是否遵循客观功利规律方面，大相径庭。

秦国之所以能够由弱转强，完成"奋六列之功"之统一大业，确实是功在秉法而治。秦王朝之所以二世而亡，其表面原因也在其秉法而治。然而，秦国秉法而治的功利取向，建立在由弱转强、竞争生存的动机上，其"一断于法""不别亲疏、不殊贵贱"，③ 顺应了废除奴隶制、解放生产力的文明进步规律。秦朝秉法而治的功利追求，则是受到成果经验惯性驱使，以为只要依靠严刑酷法和高压钳制，就可以为所欲为，甚至可以官奴隶取代私奴隶，开人类社会文明进步已然废奴而拒绝复奴的历史倒车。从废奴到复奴，秦王朝的秉法而治由顺应到违背社会历史进化规律，终于得到了历史无情的惩罚。陈胜、吴广揭竿而起的社会历史根源，就是人们在经过身份解放以后，绝不容许

---

① "商君之法，刑弃灰于街者。夫弃灰，薄罪也，而被刑，重罚也。彼为明主而能深督轻罪。夫罪轻且督深，而况有重罪乎？故民不敢犯也。"见:《史记·李斯列传》.

② 秦法、律、令较完善，"奸邪不容，皆务贞良"。秦官吏"慎遵职守"，凡事"细大尽力，莫敢怠荒"。秦法律调整社会十分细密、详备的程度，其"治道运行，诸产得宜，皆有法式"。秦始皇"明法度，定律令"，以法为教，以吏为师。

③ 史记·太史公自序.

以新的国家奴隶制取代已经废除的旧奴隶制。其中的经验教训，毋庸讳言，必须正视。

人们追求功利的客观性，与这种追求是否符合客观规律的客观性，并不能同日而语。同样是功利动机驱使，若顺应社会历史文明进步的客观规律，亦即客观功利规律，则会成功。反之，违背了客观功利规律，阻碍社会文明进步，迟早会招致惩罚而失败。

由此揭示，中国特色社会主义法治理论体系构建经世致用的功利取舍，不能只着眼于低级维稳，必须适应、促进而不是阻碍社会文明进步。

那么，如何认识和把握中国特色社会主义法治理论的经世致用对客观功利规律的遵循？余以为，须从以下几个方面科学理性思辨。

1. 把握科学社会主义来认知中国特色社会主义法治理论经世致用的功利规律

科学社会主义，是在辩证肯定资本主义成就基础上，为克服资本主义制度内在矛盾决定的弊端，产生的人类追求更先进社会制度的系统理论及实践。批判并防治资本高度集中对社会高度垄断的两极分化，批判并防范其民主的滥用及其虚伪，健全和完善更合理、更正义、更公平和更具活力的社会制度，是科学社会主义理论及其实践的基本目标。中国特色社会主义法治理论及其实践的经世致用，不管在什么发展阶段，都不能放任并拉大资本的梦魇导致的社会生产和人们生活的不公平；更不能将资本主义社会普遍存在的"多数人暴政"和"少数人暴政"的民主积弊传承并扩大化。科学社会主义的治国理政和社会管理，在社会公平正义良善的调控方面，不能实行双重甚或多重标准。中国特色社会主义国家法治机制及其秩序的形成和运行，不能囿于政策的灵活性或便宜,而视国家宪法和法律为可有可无或任意变革的具文。

2. 客观认知社会主义历史阶段来探索中国特色社会主义法治理论经世致用的功利规律

科学社会主义认为,社会主义社会是与资本主义社会并存且竞争的人类社会制度阶段。在这样的历史阶段,中国特色社会主义法治理论经世致用的功利规律,必须正视中国特色社会主义历史阶段的时空定位。也就是说,目前中国社会主义社会,处于整个社会主义的最初发展阶段,正摆脱贫困,向全面小康以及更加文明发达的阶段升级转型。因此,中国特色社会主义法治理论体系构建必须确定的经世致用,就是要针对中国当前及今后这一历史阶段,在治国理政和社会调控方面,围绕合理且行之有效的行为规范机制,研究并提出系统的设计理念、指导思想、因应思辨和技艺思维启迪,促进而不是阻碍中国社会主义社会文明全面进步。

3. 在客观的中国国情基础上,探索中国特色社会主义法治理论经世致用的功利规律

中国上下五千年文明史上,确有辉煌的一面。但自盛唐之后,积贫积弱,与近代西方文明的突飞猛进,形成巨大反差。尽管改革开放40余年的巨大变化,使我国成为世界第二大经济体。然无论科技发展还是生产生活,我国与当今世界发达国家相比,仍属于发展中国家。在构建中国特色社会主义法治理论方面,传统的宗法等级统治伦理文化、官僚等级统治文化和专制大一统文化,每每发酵,严重地阻碍着中国特色社会主义法治的现代化升级转型。因此,正视我国历史上长期压抑人们法治思维的客观实际,将传统文化糟粕的拖累减少到最低

限度，促使全社会法治思维及实践能够最大限度地适应我国现代化升级转型，是构建中国特色社会主义法治理论体系必须遵循的功利规律。构建中国特色社会主义法治理论体系，不能不科学理性地思辨，在客观国情基础上，其与中国特色社会主义社会经济、政治、科技、文化乃至人们生活的文明进步的作用或功效之间的辩证关系。任何不顾及客观国情实际，完全不考虑与社会经济、政治、科技、文化以及人们生活之间辩证关系的法治理论，都违背客观功利规律。

4. 着眼于中国特色社会主义科学发展，从战略上考量中国特色社会主义法治理论经世致用的功利规律。在客观认知科学社会主义及历史发展阶段，深刻把握国情实际基础上，构建中国特色社会主义法治理论体系，必须从战略上遵循经世致用的功利规律。换言之，中国特色社会主义法治理论体系的构建，须高屋建瓴、高瞻远瞩而不是粗浅地应付，更不是急功近利地敷衍。有关如何高屋建瓴地构建中国特色社会主义法治理论体系的考量，笔者前文已有交代，在此不再赘述。

### 三、忌玄通易，利行践远

在人类社会科学技术高速发展的现代，理论对实践的导向、预测、促进作用，已为人们高度认知和重视。中国特色社会主义法治，作为在世界上人口最多的国家运行的人类社会治国理政和社会管理及社会调控的重大实践，亟须以科学正确的认识理论为先导。我们构建中国特色社会主义法治理论体系，就是要摆脱盲目的实践，为中国特色社会主义法治的实施，从方向、道路、路径、方式、运行机制、运行技术等具体实践，进行系统科学的经验总结和理论指导。

因此，为最大限度地避免盲目实践和错误理论导致的阻碍甚至破坏，达到中国特色社会主义法治实践预期的效果，充分发挥中国特色社会主义法治理论经世致用的作用，中国特色社会主义法治理论体系必须按照忌玄通易和利行践远的原则科学构建。

所谓忌玄通易，就是指中国特色社会主义法治理论，须基于中国特色社会主义法治实践规范全社会成员行为的性质，坚决彻底摒弃沿袭古今将理论玄虚化的传统，遵循人们认识法治的辩证性质和客观规律，构建全体国民都能够通俗认知并深化理解的系统理论。具体来说，中国特色社会主义法治理论，不能是极少数人的自说自话、自我陶醉的玄学，① 而是必须能够让全体国民都容易认知理解和参与互动的理论。

所谓利行践远，意指中国特色社会主义法治理论的构建，须与中国特色社会主义法治理论实践同步，及时能动地反映其实践，合理地迅捷指导或启迪人们解决其实践面对的各种问题，为其长远实践发展顺利进行提供科学理论指导的保障。中国特色社会主义法治理论不能是脱离实际的标榜和摆设，更不能是背离科学的伦理。在中国特色社会主义法治发展进程中，其法治理论与其法治实践的辩证关系，应当通过直接的互动体现出来。中国特色社会主义法治的理论构建上，既需要做其法治实践事后解释，对其法治运行做出调整禁令引导，更需要对其法治发展做出符合规律的预测。

能动地反映中国特色社会主义法治发展实践，直接、生动、具体、

---

① 基本法学理论玄学化的典型做法，表现为将法律基本知识做初阶、中阶、高阶，甚至冥阶或涅槃阶的所谓臆造，使人们关于社会法律规范、法律制定、法律实施等公平正义的认知理解及交流互动，复杂且混乱，无客观真理可寻。

迅捷和全面地为其法治实践提供科学理性的指导及启迪，应为中国特色社会主义法治理论科学构建的必然选择。弃玄通易，利行践远，核心是围绕最大限度地发挥中国特色社会主义法治理论对其法治实践的科学作用规范展开。密切联系实际，与实践紧密结合，深刻把握中国特色社会主义文明进步的客观规律，及时为中国特色社会主义法治实践提供科学指导与启迪，是中国特色社会主义法治理论体系构建是否科学正确的实证要求与检验标准。

古代中西法治观是中国和古希腊古罗马先贤先哲，围绕人类社会存续发展秩序最基本最有效运行方式的智慧结晶。其中关于全体社会成员私权利的分配、矫正及其保障的思想，社会存续发展最一般规范及其制度和运转机制理论，公权力在治国理政的合理构建及其运用上的有效性思辨，以及行使公权力的各级人员言行规范的理解，等等，均有几千年或延续或中断但到近现代都最为活跃的演进历史。

通过对古代西方和中国法治观的考察，我们初步可知，对人们在如何定性和发挥法、法律社会作用；社会成员如何认知、确定并遵守法、法律；执掌并行使公权力的人如何确保每一个社会成员尤其是自己按照既定的法、法律约束自己的言行；以及执掌并行使公权力的人自己违反既定的法、法律所产生的社会历史后果，等等；中国先秦和古希腊先贤先哲均已有较为基本且相对深入的思辨。西方社会一直未中断的法治观和中国近代以来受西方影响的法治理论，都受到古希腊古罗马法治观的德泽。只是中国先秦时期彰显法治追求的王道思想和墨子义利相交理论，或成为伦理标榜，或受到暴力压制，实凸现出中国智慧的历史遗憾。此遗憾，不能在新时代中国文明进步的当下及今后，再延续下去。

如前所述，鉴于人类社会历史传承发展的客观规律，今天我国在新的历史条件下构建中国特色社会主义法治理论体系，全面深入践行法治，最大可能地批判吸收古代中西法治观智慧，不失为今人乃至后人明智之举。愚竭尽微薄之力对此进行梳理，唯冀能够为致力于当下及今后中国法治理论研究和践行法治探索的仁智诸君，提供批判思辨之参考借鉴。在当下及今后人类社会包括中国文明进步发展必然的法治道路上，任重道远。

# 参考文献

[1] 罗素. 西方哲学史 [M]. 何兆武, 李约瑟, 译. 北京: 商务印书馆, 2002.

[2] 柏拉图. 理想国 [M]. 郭斌和, 张竹明, 译. 北京: 商务印书馆, 2003.

[3] 亚里士多德. 政治学 [M]. 吴寿彭, 译. 北京: 商务印书馆, 1965.

[4] 亚里士多德. 尼各马可伦理学 [M]. 廖申白, 译, 北京: 商务印使馆, 2003.

[5] 加加林, 伍德拉夫. 早期希腊政治思想——从荷马到智者 [M]. 蒋栋元, 译. 北京: 中国政法大学出版社, 2013.

[6] 凯利. 西方法律思想简史 [M]. 王笑红, 译. 北京: 法律出版社, 2010.

[7] 法学教材编辑部《西方法律思想史编写组》编. 西方法律思想史资料选编 [M]. 北京: 北京大学出版社, 1983.

[8] 法学教材编辑部《中国法律思想史》编写组编. 中国法律思想史资料选编 [M]. 北京: 北京大学出版社, 1983.

[9]《尚书》.

[10]《墨子训诂》.

余略

# 后 记

拙作收笔，虽对上古中西法治观尽力做了梳理和分析，提出些启迪和借鉴，但仍觉言犹未尽者三。

未尽者一，古希腊古罗马法治观传承至今，先秦法治观却中断，个中主要乃至根本原因，未能展开。

未尽者二，上古人类社会法治观所达到的智识高度，至今德泽全人类。然当下及今后很长一段时间，人类社会仍须努力在方方面面落实。其艰难困苦，体现于观念与实践悖离。并非有了法治观念，就一定构成法治社会。结合数千年前先秦特别强调秉法而治，且一度取得成功的商鞅所发出：治国理政最大问题，不难于有法，而难于"无使法必行之法"的诘问，再反思此后白居易、王安石等智慧先贤对此诘问的哀叹，以及西方自诩已经法治化却又总是为民粹冲破而偏离既定法治文明进化轨道，实令愚困惑不解。有此局限，言犹未尽。

愚不才且钝，明知法治伦理可收急功近利之效，法治科学总是艰难而困苦不堪，但却抱着科学理性思辨原则，以追求并批判分析先贤先哲法治思想及其实践的真理。① 实乃"虽九死犹未悔",是不得不为之之不二抉择。这条"黑"道,愚是要走下去的。故此,对于人类社会历史上以及现实中法治理念和实践的演进,愚还要尽力探索。

对于拙作谬误,竭诚欢迎诸君批评。

张培田

戊戌年癸亥月戊午日於及黄埔九龙大道

---

① 能够在相当长的时空维持并促进人类社会存续发展起到安全良善运行的规制道理。